Gemeindehaushaltsverordnung

Ergänzungsband zur Textausgabe
Gemeindeordnung für Baden-Württemberg

mit Einführung und Sachregister

von

Werner Sixt

Erster Beigeordneter a. D.
des Gemeindetags Baden-Württemberg

und

Johannes Stingl

Beigeordneter
des Gemeindetags Baden-Württemberg

RICHARD · BOORBERG · VERLAG
Stuttgart · München · Hannover · Berlin · Weimar · Dresden

Bibliografische Information Der Deutschen Bibliothek

Die Deutsche Bibliothek verzeichnet diese Publikation
in der Deutschen Nationalbibliografie; detaillierte
bibliografische Daten sind im Internet über
http://dnb.ddb.de abrufbar.

ISBN 978-3-415-04340-4

© Richard Boorberg Verlag GmbH & Co KG, 2010
Scharrstraße 2
70563 Stuttgart
www.boorberg.de

Satz: Dörr + Schiller GmbH, Stuttgart
Druck und Verarbeitung: Stückle Druck und Verlag e. K., Stückle-Straße 1,
77955 Ettenheim

SIXT/STINGL
Gemeindehaushaltsverordnung

Inhalt

Einleitung

Die Reform des kommunalen Haushaltsrechts

Am 22. April 2009 hat der baden-württembergische Landtag das Gesetz zur Reform des Gemeindehaushaltsrechts beschlossen. Bis Ende 2015 müssen nun die Städte, Gemeinden und Kreise ihr Haushalts-, Kassen- und Rechnungswesen auf den neuen Rechtsrahmen umstellen.

Der zentrale Reformansatz ist, das bisher zahlungsorientierte Rechnungswesen durch ein ressourcenorientiertes Rechnungswesen unter Beibehaltung der Zahlungsorientierung zu ersetzen. Das bisherige kommunale Haushalts- und Rechnungswesen wird damit grundlegend verändert. Zusätzlich zu den Zahlungsvorgängen, mit denen lediglich der Geldverbrauch nachgewiesen wird, soll verursachungsgerecht auch der nicht zahlungswirksame Vermögensverzehr in Form von Abschreibungen und die nicht zahlungswirksamen Zuführungen zu Rückstellungen für ungewisse Verbindlichkeiten und unbestimmte Aufwendungen dargestellt werden. Der gesamte Ressourcenverbrauch und das Ressourcenaufkommen der kommunalen Haushaltswirtschaft werden periodengerecht sichtbar gemacht und im Jahresabschluss ausgewiesen. Zusätzlich zu den materiellen Änderungen wird die bisherige Verwaltungsbuchführung (Kameralistik) durch die kaufmännische doppelte Buchführung (Kommunale Doppik) ersetzt.

Diese umfassende Änderung der gesetzlichen Vorschriften über die Haushaltswirtschaft wird mit der neuen Gemeindehaushaltsverordnung verordnungsrechtlich umgesetzt. Zur Konkretisierung des gesetzlichen Rahmens hat das Innenministerium die Gemeindehaushaltsverordnung und die Gemeindekassenverordnung auf doppischer Grundlage neu erlassen. Der Produktrahmen und der Kontenrahmen, die die bisherige Verwaltungsvorschrift zur Gliederung und Gruppierung der kommunalen Haushalte ablösen sollen, werden

7

wie die verbindlichen Muster für den Haushaltsplan und den Jahresabschluss im Laufe des Jahres 2010 folgen.

Haushaltsplan

Wesentliche Ziele, die mit der Haushaltsreform angestrebt werden, sind

- die vollständige Darstellung des Ressourcenverbrauchs bzw. des Ressourcenbedarfs und nicht nur der Einzahlungen und Auszahlungen,
- die Zuordnung des Ressourcenverbrauchs zu den Verwaltungsleistungen (Produkten),
- die Zusammenfassung von Ressourcenverantwortung und Fachverantwortung in einer Hand,
- die Steuerung der Verwaltung nach Leistungszielen, die sich auf die Produkte, Produktgruppen und Produktbereiche beziehen,
- die Verbesserung der Wirtschaftlichkeit der Verwaltungstätigkeit, um bei stagnierenden und rückläufigen Erträgen und Einzahlungen die bestehenden und künftigen Leistungsanforderungen erfüllen zu können.

Die ergebnisorientierte Ausrichtung der Haushaltswirtschaft macht eine grundlegende Neugestaltung des Haushaltsplans erforderlich. Mit Hilfe des Haushaltsplans soll eine zentrale Steuerung der Haushaltswirtschaft erreicht werden. Die Zahlungsermächtigungen des bisherigen zahlungsorientierten Haushaltswesens werden durch „doppelte" Ermächtigungen, nämlich zum Verbrauch von Ressourcen einerseits und zur Leistung von Auszahlungen andererseits ersetzt.

Der Haushaltsplan erstreckt sich in seiner formalen Struktur auf folgende Bestandteile:

- Zahlenteil aus globalisierten Festsetzungen von Aufwendungen und Erträgen sowie Einzahlungen und Auszahlungen nach Arten, die der bisherigen Gruppierung entsprechen.

– Nach Produktbereichen gegliederte Teilhaushalte, in denen die finanzstatistische Aufgabengliederung abgebildet wird; eine Gliederung nach der örtlichen Organisationsstruktur ist möglich, wobei den Teilhaushalten die vorgegebenen Produktbereiche jeweils ganz oder auf der Ebene von Produktgruppen oder Produkten zuzuordnen sind.

– Der Haushalt enthält zusätzlich zum Zahlenteil mit den festgesetzten Beträgen auf Ebene der Teilhaushalte in einem besonderen Abschnitt in schematisierter Form verbale Angaben und Festsetzungen für die Produktgruppen und für Schlüsselprodukte mit Leistungszielen und Kennzahlen.

Die Trennung des Haushalts in einen Verwaltungshaushalt (laufende Verwaltungstätigkeit) und in einen Vermögenshaushalt (Investitionen) wird beibehalten und erfolgt nunmehr durch einen Ergebnishaushalt und einen Finanzhaushalt.

Im Ergebnishaushalt wird das jährliche Ergebnis der laufenden Verwaltungstätigkeit vollständig ausgewiesen und mit seinem Saldo sichtbar gemacht, um welchen Betrag das Vermögen der Gemeinde (Kapitalposition der Bilanz) zunehmen oder abnehmen wird.

Der Finanzhaushalt dient in erster Linie, aber nicht ausschließlich, der Planung der Investitionen. Er tritt insoweit an die Stelle des bisherigen Vermögenshaushalts. Als Planungskomponente zur Finanzrechnung umfasst er die Zahlungsvorgänge der Haushaltswirtschaft aus laufender Verwaltungstätigkeit und die Ein- und Auszahlungen für Investitionen und Finanzierungsvorgänge (Kredite). Neben der Steuerung der Investitionen dient der Finanzhaushalt insoweit auch der Liquiditätsplanung.

Planungsgrundsätze

Nach dem bisher für die Veranschlagung maßgeblichen Kassenwirksamkeitsprinzip (vgl. bisheriger § 80 Abs. 1

GemO) durften die Einnahmen und Ausgaben nur in Höhe der im Haushaltsjahr voraussichtlich eingehenden oder zu leistenden Beträge veranschlagt werden (§ 7 Abs. 1 GemHVO alte Fassung). Dieses Kassenwirksamkeitsprinzip entfällt für den Ergebnishaushalt infolge des Ressourcenverbrauchskonzeptes. Es wird ersetzt durch den für den Ergebnishaushalt nunmehr geltenden Grundsatz der Verursachung. Danach werden im Ergebnishaushalt grundsätzlich die dem Haushaltsjahr nach dem Gesichtspunkt der periodengerechten Ergebniswirksamkeit zuzurechnenden ordentlichen Erträge und Aufwendungen erfasst. Für die Veranschlagung von außerordentlichen Erträgen und Aufwendungen im Ergebnishaushalt, soweit überhaupt planbar, und von Einzahlungen und Auszahlungen im Finanzhaushalt gilt weiterhin das Kassenwirksamkeitsprinzip. Für die Ermittlung der Ansätze im Wege der Berechnung oder hilfsweisen Schätzung gelten die bisherigen Sorgfaltsanforderungen.

Die Grundsätze der Einzelveranschlagung und der Bruttoveranschlagung bleiben erhalten. Die Einzelveranschlagung wird jedoch durch eine starke Zusammenfassung der Haushaltsansätze deutlich reduziert. Die dadurch erreichte Globalisierung dient der angestrebten größeren Flexibilität des Haushaltsvollzugs im Zusammenhang mit der Bildung von Budgets.

Die Haushaltsansätze im Ergebnishaushalt und im Finanzhaushalt sind künftig nach Arten zu veranschlagen. Die bisherige Veranschlagung der Einnahmen nach Entstehungsgrund und der Ausgaben nach Einzelzwecken wird aufgegeben. Durch den Wegfall einer Vielzahl von Haushaltsstellen und die Einführung globalisierter Budgets, die gleichzeitig Informationen über die bedeutenden, zu erbringenden Leistungen (Produkte, Produktgruppen) enthalten, soll die Beratung und die Verabschiedung des Haushaltsplans durch den Gemeinderat eine neue, stärker am Ergebnis orientierte Ausrichtung erhalten.

Kosten- und Leistungsrechnungen

Die Veranschlagung kalkulatorischer Kosten war ursprünglich nur bei den so genannten kostenrechnenden Einrichtungen, die ganz oder zum Teil aus Entgelten finanziert werden, zulässig (vgl. § 12 GemHVO vom 7. Februar 1973). Damit war nur in diesen Bereichen ggf. eine Kostenrechnung notwendig, eine Verpflichtung zur Führung einer Kostenrechnung bestand jedoch nicht. Über die GemHVO-Novelle 1994 wurde die Verrechnung kalkulatorischer Kosten auf die kommunalen Hilfsbetriebe erweitert. Gleichzeitig wurde durch Sollvorschrift eine Pflicht zur Führung von Kosten- und Leistungsrechnungen für kostenrechnende Einrichtungen und Hilfsbetriebe eingeführt, für die anderen Aufgabenbereiche der Gemeinde wurde durch Kannvorschrift die Kosten- und Leistungsrechnung ermöglicht. Die Einschränkung von internen Leistungsverrechnungen und für innere Verrechnungen als Mittel der Kostenrechnung wurde aufgehoben. Die 1994 novellierte GemHVO bildete mit dieser erheblichen Ausdehnung der Kostenrechnung den ersten Schritt zur angestrebten grundlegenden Reform des kommunalen Haushalts- und Rechnungswesens. Die Einführung der Budgetierung im kameralistischen Haushaltsrecht durch die GemHVO-Novelle vom 28. November 2000 war ein weiterer wesentlicher Reformschritt.

Die Kostenstellen bilden die unterste Veranschlagungsebene in den Teilhaushalten, damit ist mindestens eine flächendeckende Kostenstellenrechnung erforderlich. Das neue Haushaltsrecht schreibt eine Kosten- und Leistungsrechnung für alle Aufgabenbereiche, jedoch eingeschränkt nach den örtlichen Bedürfnissen, vor. Darüber hinausgehende Formen insbesondere der Kostenträgerrechnung, Kostenartenrechnung und Leistungsrechnung stehen im kommunalen Ermessen. Es dürfte sich empfehlen, flächendeckende Kosten- und Leistungsrechnungen in diesem engeren Sinn nur in ausgewählten Bereichen mit besonderem Informationsbedarf oder zur Entgeltkalkulation einzuführen. Der

Umfang der Kosten- und Leistungsrechnung ist im Übrigen von den örtlichen Steuerungsbedürfnissen abhängig.

Bei der Kalkulation von Entgelten nach dem Kommunalabgabengesetz (KAG) haben die dortigen Regelungen, von denen § 14 Abs. 2 KAG künftig auch für die Preiskalkulationen der kommunalen Hilfsbetriebe entsprechend gilt, für die Kostenrechnung Vorrang vor den haushaltsrechtlichen Bestimmungen.

Deckungsgrundsätze

Der Grundsatz der Gesamtdeckung, wonach die Gesamtheit aller Erträge grundsätzlich zur Deckung aller Aufwendungen des Ergebnishaushalts, die Gesamtheit aller Einzahlungen grundsätzlich zur Deckung aller Auszahlungen des Finanzhaushalts dient, bleibt bestehen.

Die Ausnahmen vom Gesamtdeckungsgrundsatz werden durch die seit der GemHVO-Novelle vom 28. November 2000 im Zusammenhang mit der Einführung der Budgetierung erweiterten Möglichkeiten der Zweckbindung (§ 19), Deckungsfähigkeit (§ 20) und Übertragbarkeit (§ 21) erweitert. Um die Gesamtsteuerung des Haushalts sicherzustellen, wird die gegenseitige Deckungsfähigkeit und die Übertragbarkeit unter den Vorbehalt der Erreichung des geplanten Gesamtergebnisses und der Beachtung der Kreditaufnahmevorschriften gestellt.

Liquidität und Rücklagen

§ 89 Abs. 1 GemO verlangt von den Gemeinden, dass Auszahlungen rechtzeitig geleistet werden können. Dies macht eine kontinuierliche Steuerung der liquiden Mittel notwendig, damit die erforderlichen Zahlungsmittel rechtzeitig verfügbar sind. Ein bestimmter Rücklagenbestand als Betriebsmittel der Gemeindekasse (bisherige Mindestrücklage nach § 20 Abs. 2 Satz 2 GemHVO 1973 in Höhe von zwei Prozent der Ausgaben des Verwaltungshaushalts) ist nicht mehr vorgeschrieben.

Überschüsse der Ergebnisrechnung sind nach § 90 Abs. 1 GemO den Rücklagen zuzuführen. Ergänzend bestimmt § 23, dass hierfür gesonderte Überschussrücklagen für das ordentliche und das Sonderergebnis auszuweisen sind. Die Bildung von weiteren zweckgebundenen Rücklagen ist möglich.

Haushaltsgleich

Die Vorschriften zum Haushaltsausgleich ergänzen die Bestimmung des § 80 Abs. 2 und 3 GemO zum Haushaltsausgleich und die Gesetzmäßigkeitsanforderungen bei nicht ausgeglichenem Haushalt entsprechend den nach dem Ressourcenverbrauchskonzept sich ergebenden Stufen der kommunalen Finanzsituation. Örtliche finanzpolitische Grundsätze und Ziele werden durch die Gemeinde selbst festgelegt. Im ressourcenorientierten Haushaltssystem bezieht sich der Haushaltsausgleich auf den Ergebnishaushalt als Planungskomponente zur Ergebnisrechnung (Ressourcenverbrauchsrechnung). Für den Finanzhaushalt ist ein Ausgleich nicht vorgeschrieben.

Die Ausgleichspflicht bezieht sich auf die ordentlichen Erträge und Aufwendungen, zu denen außerordentliche Erträge (z.B. Erträge aus Vermögensveräußerungen) und Kredite nicht zählen. Dieser Ausgleich von ordentlichen Erträgen und Aufwendungen innerhalb der Rechnungsperiode oder wenigstens in einem mittelfristigen Zeitraum ist Grundprinzip einer nachhaltigen Finanzwirtschaft und bedingt die nach § 77 Abs. 1 GemO schon bisher bestehende Pflicht der Kommunen, die Haushaltswirtschaft so zu planen und zu führen, dass die stetige Erfüllung ihrer Aufgaben gesichert ist. Der Grundsatz, dass ordentliche Erträge und Aufwendungen ausgeglichen sein sollen, ist auch Ausfluss des Grundsatzes, wonach jede Generation die von ihr verbrauchten Ressourcen durch Entgelte und Abgaben wieder ersetzen soll, so dass damit nicht ihre Nachfolgegenerationen belastet werden.

Einleitung

Die sich aus dem allgemeinen Grundsatz des § 77 Abs. 1 GemO ergebende Pflicht zur Sicherung der Zahlungsfähigkeit ist neben dem Haushaltsausgleich ein weiteres Kriterium für die kommunale Leistungsfähigkeit. Der Haushaltsausgleich bezieht sich auf den Ergebnis- und nicht auf den Finanzhaushalt. Die Verpflichtung zur Sicherung der Zahlungsfähigkeit ist in der Vorschrift des § 89 Abs. 1 GemO (§ 22 Abs. 1 GemHVO) separat geregelt.

Unvermeidbare finanzwirtschaftliche Schwankungen werden möglicherweise dazu führen, dass nicht in jeder Rechnungsperiode ein Ausgleich von ordentlichen Erträgen und Aufwendungen erreichbar sein wird. Derartige Fehlbeträge können hingenommen werden, wenn sie nicht strukturbedingt sind, d. h. wenn sie mit in der Vergangenheit angesammelten Rücklagen verrechnet und/oder bei Vortrag durch Ergebnisüberschüsse künftiger Haushaltsjahre in einem vertretbaren Zeitraum gedeckt werden können.

Unter der Einschränkung, dass Einsparmöglichkeiten und zusätzliche Erträge ausgeschöpft sind, wird neben der Verrechnung von Überschüssen aus dem ordentlichen Ergebnis aus Vorjahren auch die Verwendung von Überschüssen aus realisierten außerordentlichen Erträgen (z. B. Vermögensveräußerungserträge) sowie von Überschüssen des Sonderergebnisses aus Vorjahren zum Haushaltsausgleich zugelassen (§ 24 Abs. 2 GemHVO). Innerhalb der drei folgenden Haushaltsjahre, also bis zum Ende der mehrjährigen Finanzplanung (§ 9 GemHVO) ist ein Plandefizit vorübergehend zulässig (Fehlbetragsvortrag in die folgenden drei Haushaltsjahre, § 24 Abs. 3), wenn eine unverzügliche Deckung nicht möglich ist.

Nach drei Jahren ist als letzte Stufe des Ausgleichsystems eine Verrechnung von Fehlbeträgen mit dem Basiskapital vorgeschrieben, wenn eine haushaltsmäßige Deckung früher nicht möglich ist. Die Verrechnung darf maximal bis zur Höhe des Basiskapitals erfolgen. Die Verrechnung mit dem Basiskapital kann vor allem bei schwerwiegenden Strukturproblemen in Betracht kommen, wenn die Minderung des Basiskapitals mit einem Abbau der Infrastruktur verbunden wird. In derartigen Finanzsituationen sollte die Gemeinde im eigenen Interesse ein Konzept erstellen, das strukturelle Maßnahmen zur Konsolidierung des Haushalts (Haushaltsstrukturkonzept) vorsieht. Auch die Rechtsaufsichtsbehörde kann in einer solchen Situation zur Sicherung der stetigen Aufgabenerfüllung auf der Grundlage von § 77 Abs. 1 GemO die Erstellung eines solchen Konzepts verlangen.

Buchführung und Inventar

Die bisherigen Regelungen über die Buchführung in der Gemeindekassenverordnung (§§ 22 bis 34) werden in den neu gefassten siebten Abschnitt der neuen Gemeindehaushaltsverordnung übernommen und inhaltlich soweit erforderlich geändert. Die übrigen kassenrechtlichen Bestimmungen werden in eine neue Gemeindekassenverordnung einbezogen.

Die Aufgaben der Buchführung im kommunalen Haushalts- und Rechnungswesen für die Hauptbereiche Haushaltsplanung und Haushaltsvollzug, Rechnungslegung und Prüfung werden beschrieben. Sie entsprechen dem Dokumentations- und Rechenschaftslegungszweck der kaufmännischen Buchführung, erweitert um die Funktion für Haushaltsplanung und Haushaltsvollzug. Der integrierten Verbundrechnung, wie sie mit den neuen Vorschriften umgesetzt wird, kommt eine Informationsfunktion für interne und externe Adressaten und eine Schutzfunktion für Institutionen und Individuen zu. Für die Informationsfunktion müssen zuverlässige und den tatsächlichen Verhältnissen entsprechende Informationen über die Vermögens-, Ertrags- und Finanzlage bereitgestellt werden. Die Schutzfunktion des öffentlichen Haushalts- und Rechnungswesens erstreckt sich auf die Sicherung der intergenerativen Gerechtigkeit (Individualschutz) und die Sicherung der treuhänderischen

15

Ressourcenverwendung zur Wahrnehmung öffentlicher Aufgaben (Institutionenschutz).

Die umfassende Aufzählung der in den Büchern zu erfassenden Verwaltungsvorfälle entspricht den inhaltlichen Anforderungen an die Buchführung der Kaufleute nach § 238 Abs. 1 HGB. Die handelsrechtlichen Grundsätze ordnungsmäßiger Buchführung aus dem Haushaltsrecht (GoB) können zwar weitgehend, aber nicht ausnahmslos auf den öffentlichen Bereich übertragen werden. Die im Vergleich zur Privatwirtschaft unterschiedlichen Funktionen des Rechnungswesens machen Modifikationen und Erweiterungen der handelsrechtlichen GoB erforderlich.

Die Gemeindeordnung und die Gemeindehaushaltsverordnung beinhalten die für das neue kommunale Haushaltsrecht wesentlichen Grundsätze ordnungsmäßiger Buchführung (z. B. §§ 91 Abs. 4 und 95 Abs. 1 GemO, § 34 Abs. 2, §§ 35, 36, 40, 43 GemHVO). Für die Ableitung gesetzes- und verordnungsergänzender Grundsätze ordnungsmäßiger Buchführung, für die im Handelsrecht der Maßstab des ordentlichen und gewissenhaften Kaufmanns heranzuziehen ist (BFH, Urt.v. 26.3.1968, BStBl. II 1968, 529), wird im kommunalen Haushaltsrecht der Maßstab des ordentlichen und gewissenhaften Verwaltungsbeamten, der an Gesetz und Recht gebunden ist, zu gelten haben.

Jahresabschluss

Mit dem Grundsatz der formellen Kontinuität der Jahresabschlüsse im kommunalen Haushaltsrecht, der Pflicht zur Angabe der Vorjahreszahlen und zur Erläuterung von Abweichungen, dem Grundsatz der Abschlussklarheit und dem Weglassen von Leerposten im Abschluss erst im zweiten Jahr werden die handelsrechtlichen Grundsätze für die Gliederung des Jahresabschlusses von Kapitalgesellschaften nach § 265 HGB, soweit sie für kommunale Körperschaften einschlägig sind, übernommen.

Dabei handelt es sich um die wesentlichen formalen Grundsätze ordentlicher Buchführung, die auch für das öffentliche Rechnungswesen Anwendung finden müssen, damit die Hauptzwecke der Buchführung nach § 34 Abs. 1 erreicht werden.

Ergebnisrechnung

Die Ergebnisrechnung entspricht der handelsrechtlichen Gewinn- und Verlustrechnung nach § 242 Abs. 2 HGB. Im Vergleich zur handelsrechtlichen GuV weist diese jedoch einen Schwerpunkt bei den auf einseitigen Verwaltungsvorfällen beruhenden Erträgen und Aufwendungen (Transferleistungen) auf. Die auf einem Leistungsaustausch beruhenden Vorfälle, die im kaufmännischen Bereich eindeutig im Vordergrund stehen, haben bei den Kommunen nicht die gleiche Bedeutung. Die kommunale Wirtschaftsführung ist auf die Aufgabenerfüllung bei ausgeglichenem Ressourcenaufwand und Ressourcenaufkommen, nicht wie der privatwirtschaftliche Bereich auf Erzielung eines Gewinnes ausgerichtet. Die Ergebnisrechnung hat danach primär die Funktion einer Änderungsrechnung des Basiskapitals und nicht wie die kaufmännische Gewinn- und Verlustrechnung vorrangig einer Ermittlung eines finanziellen Erfolgs. Dem Gliederungsschema liegt das Gesamtkostenverfahren (vgl. § 275 Abs. 1 und 2 HGB) zu Grunde. In der Ergebnisrechnung muss wie im Ergebnishaushalt das ordentliche Ergebnis getrennt vom außerordentlichen Ergebnis ermittelt werden.

Finanzrechnung

Die Finanzrechnung gliedert sich nach der bei handelsrechtlichen Konzernen vorgeschriebenen Kapitalflussrechnung (§ 297 Abs. 1 HGB). Im Unterschied zur Kapitalflussrechnung, die nachträglich beim Abschluss aus Gewinn- und Verlustrechnung und Bilanz abgeleitet ist, wird die Finanzrechnung ganzjährig geführt. Alle Einzahlungen und Auszahlungen einer Rechnungsperiode werden nach der so genannten direkten Methode auf Sachkonten erfasst.

Vermögensrechnung (Bilanz)

Die neue Vermögensrechnung ist eine Erweiterung der herkömmlichen Geldvermögensrechnung nach dem bisherigen § 43 GemHVO zu einer Vollvermögensrechnung, die auch das Sachvermögen umfasst. Die Vollvermögensrechnung ist die notwendige Voraussetzung für eine ressourcenorientierte Haushaltswirtschaft und dient der Kostentransparenz. Sie entspricht der Bilanz im kaufmännischen Zweikomponenten-Rechnungssystem (§ 266 HGB), berücksichtigt aber die kommunalspezifischen Besonderheiten.

Die vorgeschriebene Mindestgliederung der Vermögensrechnung umfasst auf der Aktivseite u. a. das Sachvermögen und das Finanzvermögen, auf der Passivseite u. a. das Basiskapital, die Rücklagen, die Verbindlichkeiten und die Rückstellungen. Rückstellungen sind für ungewisse Verbindlichkeiten und unbestimmte Aufwendungen zu bilden, wie im Haushaltsjahr unterlassene Aufwendungen für Instandhaltung, die im folgenden Haushaltsjahr nachgeholt werden, die Stilllegung und Nachsorge von Abfalldeponien oder drohende Verpflichtungen aus Bürgschaften, Gewährleistungen, Beteiligungen und anhängigen Gerichtsverfahren. Für ungewisse Verbindlichkeiten und Mindererträge im kommunalen Finanzausgleich im Zusammenhang mit der Gewerbesteuer können Rückstellungen gebildet werden.

Für die Eröffnungsbilanz gelten zur Reduzierung des Arbeitsaufwands bei der erstmaligen Erfassung und Bewertung des Vermögens sowie der Investitionszuweisungen und Investitionsbeiträge eine Reihe von Sonderregelungen.

Rechenschaftsbericht

Durch den Rechenschaftsbericht wird über die Haushaltswirtschaft und die wirtschaftliche Lage der Gemeinde gewissenhaft und wahrheitsgetreu Rechenschaft abgelegt. Der neue Rechenschaftsbericht unterscheidet sich vom bisherigen Rechenschaftsbericht nach § 44 Abs. 3 GemHVO durch seine inhaltliche Beschränkung auf die Darstellung des Verlaufs der Haushaltswirtschaft und der Lage der Gemeinde. Die im bisherigen Rechenschaftsbericht enthaltene Erläuterung von Einzelpositionen der Jahresrechnung (vgl. § 44 Abs. 3 Satz 1 GemHVO) ist nach dem neuen Haushaltsrecht entsprechend dem handelsrechtlichen Modell (vgl. § 284 HGB) getrennt in einem Anhang vorzunehmen.

Die Lagedarstellung umfasst neben der finanzwirtschaftlichen Lage die Darstellung von weiteren, nicht finanziellen Aspekten unter dem Gesichtspunkt der stetigen Aufgabenerfüllung. Der Rechenschaftsbericht entspricht damit im Ansatz dem handelsrechtlichen Lagebericht der Kapitalgesellschaften (§ 289 HGB).

Vermögensübersicht, Forderungsübersicht, Verbindlichkeitenübersicht

Die Vermögensübersicht, die Forderungsübersicht als Teil der Vermögensübersicht und die Verbindlichkeitenübersicht sind nach § 95 Abs. 3 GemO Pflichtanlagen zum Anhang. Durch diese Übersichten werden die entsprechenden Positionen der Vermögensrechnung, die nach § 52 Abs. 3 und 4 zum Teil in stark zusammengefasster Form dargestellt sind (z.B. bebaute Grundstücke oder Kreditverbindlichkeiten), zur Verbesserung der Transparenz in weiter detaillierterer Form dargestellt.

Kommunaler Gesamtabschluss

Die Vorschriften über den Gesamtabschluss beschränken sich auf das Grundlegende. Das Haushaltsrecht räumt für diesen neuen Bereich der kommunalen Rechnungslegung einen weiten Spielraum ein, um die weitere Erprobung und Ausgestaltung dieser Abschlussform zu ermöglichen.

Einleitung

Die vorgesehene Befreiung von der Pflicht, einen Gesamtabschluss aufstellen zu müssen, richtet sich danach, ob die zu konsolidierenden Aufgabenträger in ihrer Gesamtheit von untergeordneter Bedeutung sind. Die Beurteilung der untergeordneten Bedeutung kann sich an Bilanzsummen oder an Rückstellungen und Verbindlichkeiten, im Einzelfall auch an finanzwirtschaftlichen Ergebnissen orientieren.

Verordnung des Innenministeriums über die Haushaltswirtschaft der Gemeinden (Gemeindehaushaltsverordnung – GemHVO)

vom 11. Dezember 2009 (GBl. S. 770)

Auf Grund von § 99 und § 144 Satz 1 Nr. 14, 16, 18 bis 26 der Gemeindeordnung (GemO) in der Fassung vom 24. Juli 2000 (GBl. S. 582), zuletzt geändert durch Artikel 1 des Gesetzes vom 4. Mai 2009 (GBl. S. 185), wird, zu § 144 Satz 1 Nr. 14 im Benehmen mit dem Finanzministerium, verordnet:

Inhaltsübersicht

ERSTER ABSCHNITT
Haushaltsplan, Finanzplanung

ZWEITER ABSCHNITT
Planungsgrundsätze

DRITTER ABSCHNITT
Deckungsgrundsätze

VIERTER ABSCHNITT
Liquidität und Rücklagen

FÜNFTER ABSCHNITT
Haushaltsausgleich und Deckung von Fehlbeträgen

SECHSTER ABSCHNITT
Weitere Vorschriften für die Haushaltswirtschaft

SIEBTER ABSCHNITT
Buchführung und Inventar

ERSTER ABSCHNITT
Haushaltsplan, Finanzplanung

§ 1 Bestandteile des Haushaltsplans, Gesamthaushalt, Anlagen

(1) Der Haushaltsplan besteht aus

1. dem Gesamthaushalt,
2. den Teilhaushalten und
3. dem Stellenplan.

(2) Der Gesamthaushalt besteht aus

1. dem Ergebnishaushalt (§ 2),
2. dem Finanzhaushalt (§ 3) und
3. je einer Übersicht (Haushaltsquerschnitt) über die Erträge und Aufwendungen der Teilhaushalte des Ergebnishaushalts (§ 4 Abs. 3) sowie der Einzahlungen, Auszahlungen und Verpflichtungsermächtigungen der Teilhaushalte des Finanzhaushalts (§ 4 Abs. 4 und § 11).

(3) Dem Haushaltsplan sind beizufügen

1. der Vorbericht,
2. der Finanzplan mit dem ihm zugrunde liegenden Investitionsprogramm; ergeben sich bei der Aufstellung des Haushaltsplans wesentliche Änderungen für die folgenden Jahre, so ist ein entsprechender Nachtrag beizufügen,
3. eine Übersicht über die aus Verpflichtungsermächtigungen in den einzelnen Jahren voraussichtlich fällig werdenden Auszahlungen; werden Auszahlungen in den Jahren fällig, auf die sich der Finanzplan noch nicht erstreckt, ist die voraussichtliche Deckung des Finanzierungsmittelbedarfs dieser Jahre besonders darzustellen,
4. eine Übersicht über den voraussichtlichen Stand der Rücklagen, Rückstellungen und Schulden zu Beginn des Haushaltsjahres,
5. der letzte Gesamtabschluss (§ 95 a GemO),

6. die Wirtschaftspläne und neuesten Jahresabschlüsse der Sondervermögen, für die Sonderrechnungen geführt werden,

7. die Wirtschaftspläne und neuesten Jahresabschlüsse der Unternehmen und Einrichtungen, an denen die Gemeinde mit mehr als 50 Prozent beteiligt ist, oder eine kurz gefasste Übersicht über die Wirtschaftslage und die voraussichtliche Entwicklung der Unternehmen und Einrichtungen und

8. eine Übersicht über die Budgets nach § 4 Abs. 5.

§ 2   Ergebnishaushalt

(1) Der Ergebnishaushalt enthält
als ordentliche Erträge

1. Steuern und ähnliche Abgaben,

2. Zuweisungen und Zuwendungen, Umlagen und aufgelöste Investitionszuwendungen und -beiträge,

3. sonstige Transfererträge,

4. öffentlich-rechtliche Entgelte,

5. privatrechtliche Leistungsentgelte,

6. Kostenerstattungen und Kostenumlagen,

7. Zinsen und ähnliche Erträge,

8. aktivierte Eigenleistungen und Bestandsveränderungen und

9. sonstige ordentliche Erträge;

10. die Summe der ordentlichen Erträge (Summe aus Nummern 1 bis 9);

als ordentliche Aufwendungen

11. Personalaufwendungen,

12. Versorgungsaufwendungen,

13. Aufwendungen für Sach- und Dienstleistungen,

14. planmäßige Abschreibungen,

15. Zinsen und ähnliche Aufwendungen,

16. Transferaufwendungen und

17. sonstige ordentliche Aufwendungen,

18. die Summe der ordentlichen Aufwendungen (Summe aus Nummern 11 bis 17);

19. das ordentliche Ergebnis (Saldo aus Nummern 10 und 18; § 80 Abs. 2 Satz 2 GemO);

20. die Deckung von Fehlbeträgen aus Vorjahren nach § 80 Abs. 2 Satz 2 GemO, soweit das ordentliche Ergebnis nach Nummer 19 einen entsprechenden Überschuss ausweist;

21. das veranschlagte ordentliche Ergebnis (Saldo aus Nummern 19 und 20; § 79 Abs. 2 Satz 1 Nr. 1 Buchst. a GemO);

die außerordentlichen Erträge und Aufwendungen

22. außerordentliche Erträge;

23. außerordentliche Aufwendungen;

24. das veranschlagte Sonderergebnis (Saldo aus Nummern 22 und 23; § 79 Abs. 2 Satz 1 Nr. 1 Buchst. b GemO);

das Gesamtergebnis

25. das veranschlagte Gesamtergebnis (Überschuss oder Fehlbetrag, Summe aus Nummern 21 und 24; § 79 Abs. 2 Satz 1 Nr. 1 Buchst. c GemO);

außerdem nachrichtlich die Behandlung von Überschüssen und Fehlbeträgen (soweit nicht nach Nummer 20 abgedeckt)

26. die Zuführung zur Rücklage aus Überschüssen des ordentlichen Ergebnisses,

27. die Zuführung zur Rücklage aus Überschüssen des Sonderergebnisses;

28. die Entnahme aus der Rücklage aus Überschüssen des ordentlichen Ergebnisses nach § 24 Abs. 1 Satz 1,

29. die Verwendung des Überschusses des Sonderergebnisses (Nummer 24) sowie die Entnahme aus der Rücklage aus Überschüssen des Sonderergebnisses nach § 24 Abs. 2,

30. den Fehlbetragsvortrag auf das ordentliche Ergebnis folgender Haushaltsjahre nach § 24 Abs. 3 Satz 1,

31. die Minderung des Basiskapitals nach § 25 Abs. 3 (Fehlbetragsabdeckung aus Vorjahren, soweit nicht nach Nummer 20 abgedeckt);

32. die Entnahme aus der Rücklage aus Überschüssen des Sonderergebnisses nach § 25 Abs. 4 Satz 1,

33. die Minderung des Basiskapitals nach § 25 Abs. 4 Satz 2.

(2) Unter den Posten „außerordentliche Erträge" und „außerordentliche Aufwendungen" sind die außerhalb der gewöhnlichen Verwaltungstätigkeit anfallenden Erträge und Aufwendungen, insbesondere Gewinne und Verluste aus Vermögensveräußerung, auszuweisen, soweit sie nicht von untergeordneter Bedeutung sind. Von untergeordneter Bedeutung sind Gewinne und Verluste aus der Veräußerung von geringwertigen beweglichen Vermögensgegenständen des Sachvermögens, die nach § 38 Abs. 4 nicht erfasst werden.

§ 3 Finanzhaushalt

Der Finanzhaushalt enthält
aus laufender Verwaltungstätigkeit

1. die Summe der Einzahlungen aus laufender Verwaltungstätigkeit (ohne außerordentliche zahlungswirksame Erträge aus Vermögensveräußerung) und

2. die Summe der Auszahlungen aus laufender Verwaltungstätigkeit;

3. den Zahlungsmittelüberschuss oder Zahlungsmittelbedarf des Ergebnishaushalts (Saldo aus Nummern 1 und 2; § 79 Abs. 2 Satz 1 Nr. 2 Buchst. a GemO);

aus Investitionstätigkeit

4. Einzahlungen aus Investitionszuwendungen,
5. Einzahlungen aus Investitionsbeiträgen und ähnlichen Entgelten für Investitionstätigkeit,
6. Einzahlungen aus der Veräußerung von Sachvermögen,
7. Einzahlungen aus der Veräußerung von Finanzvermögen und
8. Einzahlungen für sonstige Investitionstätigkeit;
9. die Summe der Einzahlungen aus Investitionstätigkeit (Summe aus Nummern 4 bis 8);
10. Auszahlungen für den Erwerb von Grundstücken und Gebäuden,
11. Auszahlungen für Baumaßnahmen,
12. Auszahlungen für den Erwerb von beweglichem Sachvermögen,
13. Auszahlungen für den Erwerb von Finanzvermögen,
14. Auszahlungen für Investitionsförderungsmaßnahmen und
15. Auszahlungen für sonstige Investitionen;
16. die Summe der Auszahlungen aus Investitionstätigkeit (Summe aus Nummern 10 bis 15);
17. den veranschlagten Finanzierungsmittelüberschuss oder Finanzierungsmittelbedarf aus Investitionstätigkeit (Saldo aus Nummern 9 und 16; Saldo aus Investitionstätigkeit nach § 79 Abs. 2 Satz 1 Nr. 2 Buchst. b GemO);
18. den veranschlagten Finanzierungsmittelüberschuss oder Finanzierungsmittelbedarf (Saldo aus Nummern 3 und 17; Saldo nach § 79 Abs. 2 Satz 1 Nr. 2 Buchst. c GemO);

aus Finanzierungstätigkeit

19. Einzahlungen aus der Aufnahme von Krediten und wirtschaftlich vergleichbaren Vorgängen für Investitionen,
20. Auszahlungen für die Tilgung von Krediten und wirtschaftlich vergleichbaren Vorgängen für Investitionen,

21. den veranschlagten Finanzierungsmittelüberschuss oder Finanzierungsmittelbedarf aus Finanzierungstätigkeit (Saldo aus Nummern 19 und 20; Saldo aus Finanzierungstätigkeit nach § 79 Abs. 2 Satz 1 Nr. 2 Buchst. d GemO);

22. die veranschlagte Änderung des Finanzierungsmittelbestands zum Ende des Haushaltsjahres (Saldo aus Nummern 18 und 21; Saldo des Finanzhaushalts nach § 79 Abs. 2 Satz 1 Nr. 2 Buchst. e GemO);

außerdem nachrichtlich

23. die Finanzierung der Investitionen mit Eigenmitteln (verfügbare liquide Mittel).

§ 4   Teilhaushalte, Budgets

(1) Der Gesamthaushalt ist in Teilhaushalte zu gliedern. Die Teilhaushalte sind produktorientiert zu bilden. Sie können nach den vorgegebenen Produktbereichen oder nach der örtlichen Organisation gebildet werden. Mehrere Produktbereiche können zu einem Teilhaushalt zusammengefasst werden. Werden Teilhaushalte nach der örtlichen Organisation gebildet, können Produktbereiche nach vorgegebenen Produktgruppen oder Produkten auf mehrere Teilhaushalte aufgeteilt werden. Dabei können die zentralen Produktbereiche „Innere Verwaltung" und „Allgemeine Finanzwirtschaft" jeweils ganz oder teilweise in einem Teilhaushalt oder in mehreren Teilhaushalten ausgewiesen werden. Die Teilhaushalte sind in einen Ergebnishaushalt und in einen Finanzhaushalt zu gliedern.

(2) Jeder Teilhaushalt bildet mindestens eine Bewirtschaftungseinheit (Budget). Die Budgets sind jeweils einem Verantwortungsbereich zuzuordnen. In den Teilhaushalten sind die Produktgruppen darzustellen, zusätzlich sollen Schlüsselprodukte, die Leistungsziele und die Kennzahlen zur Messung der Zielerreichung dargestellt werden.

(3) Der Teilergebnishaushalt enthält

1. die anteiligen ordentlichen Erträge nach § 2 Abs. 1 Nr. 1 bis 9, soweit diese nicht zentral veranschlagt werden,

2. die anteiligen ordentlichen Aufwendungen nach § 2 Abs. 1 Nr. 11 bis 17, soweit diese nicht zentral veranschlagt werden,

3. die anteilige Fehlbetragsabdeckung aus Vorjahren (§ 2 Abs. 1 Nr. 20), soweit diese nicht zentral veranschlagt wird,

4. Erträge aus internen Leistungen,

5. Aufwendungen für interne Leistungen und

6. kalkulatorische Kosten.

Bei den kalkulatorischen Kosten können im Teilergebnishaushalt an Stelle der anteiligen Fremdzinsen nach § 2 Abs. 1 Nr. 15 auch kalkulatorische Zinsen veranschlagt werden.

Für jedes Haushaltsjahr sind anteilig

1. die Summe der ordentlichen Erträge und Aufwendungen,

2. der Saldo aus der Summe der ordentlichen Erträge, der Summe der ordentlichen Aufwendungen und der Fehlbetragsabdeckung aus Vorjahren als veranschlagter Aufwands-/Ertragsüberschuss,

3. der Saldo aus Nummern 4 bis 6 des Satzes 1 als veranschlagtes kalkulatorisches Ergebnis und

4. die Summe aus Nummern 2 und 3 als veranschlagter Nettoressourcenbedarf oder Nettoressourcenüberschuss

auszuweisen.

(4) Der Teilfinanzhaushalt enthält aus laufender Verwaltungstätigkeit anteilig

1. den Zahlungsmittelüberschuss oder Zahlungsmittelbedarf nach § 3 Nr. 3

und für die Investitionstätigkeit anteilig

2. die Einzahlungen nach § 3 Nr. 4 bis 8 und

3. die Auszahlungen nach § 3 Nr. 10 bis 15.

Für jedes Haushaltsjahr ist der Saldo aus dem anteiligen Zahlungsmittelüberschuss oder Zahlungsmittelbedarf nach Satz 1 Nr. 1 und aus den anteiligen Ein- und Auszahlungen aus Investitionstätigkeit als anteiliger veranschlagter Finanzierungsmittelüberschuss oder Finanzierungsmittelbedarf auszuweisen. Abweichend von den Sätzen 1 und 2 kann der Teilfinanzhaushalt auf die Darstellung der Investitionstätigkeit beschränkt werden (Satz 1 Nr. 2 und 3). Die Investitionen oberhalb örtlich festzulegender Wertgrenzen sind einzeln unter Angabe der Investitionssumme des Planjahres, der bereitgestellten Finanzierungsmittel, der Gesamtkosten der Maßnahme und der Verpflichtungsermächtigungen für die Folgejahre darzustellen.

(5) Werden Teilhaushalte nach der örtlichen Organisation produktorientiert gegliedert (Absatz 1 Satz 3), sind dem Haushaltsplan je eine Übersicht über die Zuordnung

1. der Produktbereiche und Produktgruppen zu den Teilhaushalten, bei einer von der Produktgruppe abweichenden Zuordnung einzelner Produkte zu anderen Teilhaushalten sind auch diese Produkte in die Übersicht aufzunehmen, und

2. der Erträge und Aufwendungen des Ergebnishaushalts zu den verbindlich vorgegebenen Produktbereichen, Produktgruppen und Produkten (Produktrahmen nach § 145 Satz 1 Nr. 2 GemO)

als Anlage beizufügen.

§ 5   Stellenplan

(1) Der Stellenplan hat die im Haushaltsjahr erforderlichen Stellen der Beamten und der nicht nur vorübergehend beschäftigten Arbeitnehmer auszuweisen. Soweit erforderlich, sind in ihm die Amtsbezeichnungen für Beamte festzusetzen. Stellen von Beamten in Einrichtungen von Sondervermögen, für die Sonderrechnungen geführt werden, sind

gesondert auszuweisen. In einer Übersicht ist die Aufteilung der Stellen auf die Teilhaushalte darzustellen.

(2) Im Stellenplan ist ferner für die einzelnen Besoldungs- und Entgeltgruppen die Gesamtzahl der Stellen für das Vorjahr sowie der am 30. Juni des Vorjahres besetzten Stellen anzugeben. Wesentliche Abweichungen vom Stellenplan des Vorjahres sind zu erläutern.

(3) Soweit ein dienstliches Bedürfnis besteht, dürfen im Stellenplan ausgewiesene

1. Planstellen mit Beamten einer niedrigeren Besoldungs- gruppe derselben Laufbahn besetzt werden,

2. freigewordene Planstellen des Eingangsamts einer Lauf- bahn des höheren, gehobenen oder mittleren Dienstes mit Beamten der nächstniedrigeren Laufbahn besetzt werden, deren Aufstieg in die nächsthöhere Laufbahn vom Dienst- herrn beabsichtigt ist, und

3. freigewordene Planstellen mit Arbeitnehmern einer ver- gleichbaren oder niedrigeren Entgeltgruppe besetzt wer- den, längstens jedoch für die Dauer von fünf Jahren.

§ 6   Vorbericht

Der Vorbericht gibt einen Überblick über die Entwicklung und den Stand der Haushaltswirtschaft unter dem Gesichts- punkt der stetigen Erfüllung der Aufgaben der Gemeinde. Er soll eine durch Kennzahlen gestützte, wertende Analyse der Haushaltslage und ihrer voraussichtlichen Entwicklung ent- halten. Insbesondere soll dargestellt werden,

1. welche wesentlichen Ziele und Strategien die Gemeinde verfolgt und welche Änderungen gegenüber dem Vorjahr eintreten,

2. wie sich die wichtigsten Erträge, Aufwendungen, Einzah- lungen und Auszahlungen, das Vermögen und die Ver- bindlichkeiten, mit Ausnahme der Kassenkredite, in den

beiden dem Haushaltsjahr vorangehenden Jahren entwickelt haben und im Haushaltsjahr entwickeln werden,

3. wie sich unter Berücksichtigung einer Fehlbetragsabdeckung aus Vorjahren das Gesamtergebnis und die Rücklagen in den dem Haushaltsjahr folgenden drei Jahren entwickeln werden und in welchem Verhältnis sie zum Deckungsbedarf des Finanzplans nach § 9 Abs. 4 stehen,

4. welche erheblichen Investitionen und Investitionsförderungsmaßnahmen im Haushaltsjahr geplant sind und welche Auswirkungen sich hieraus für die Haushalte der folgenden Jahre ergeben,

5. in welchem Umfang Eigenmittel (verfügbare liquide Mittel, § 3 Nr. 23) zur Finanzierung von Investitionen eingesetzt werden,

6. welcher Finanzierungsbedarf für die Inanspruchnahme von Rückstellungen entsteht und welche Auswirkungen sich daraus im Finanzplanungszeitraum ergeben,

7. in welchen wesentlichen Punkten der Haushaltsplan vom Finanzplan des Vorjahres abweicht und

8. wie sich der Zahlungsmittelüberschuss oder -bedarf aus laufender Verwaltungstätigkeit, der veranschlagte Finanzierungsmittelüberschuss oder -bedarf und der Bestand an liquiden Mitteln im Vorjahr entwickelt haben sowie in welchem Umfang Kassenkredite in Anspruch genommen worden sind.

§ 7   Haushaltsplan für zwei Jahre

(1) Werden in der Haushaltssatzung Festsetzungen für zwei Haushaltsjahre getroffen, sind im Haushaltsplan die Erträge und Aufwendungen, die Einzahlungen und Auszahlungen und die Verpflichtungsermächtigungen für jedes der beiden Haushaltsjahre getrennt zu veranschlagen. Soweit es unumgänglich ist, kann hierbei von Vorschriften über die äußere Form des Haushaltsplans abgewichen werden.

(2) Die Fortschreibung des Finanzplans für das zweite Haushaltsjahr (§ 85 Abs. 5 GemO) ist vom Gemeinderat vor Beginn des zweiten Haushaltsjahres zu beschließen.

(3) Anlagen nach § 1 Abs. 3 Nr. 5 bis 7, die nach der Verabschiedung eines Haushaltsplans nach Absatz 1 erstellt worden sind, sind der Fortschreibung nach Absatz 2 beizufügen.

§ 8   Nachtragshaushaltsplan

(1) Der Nachtragshaushaltsplan muss alle erheblichen Änderungen der Erträge und Einzahlungen sowie Aufwendungen und Auszahlungen, die im Zeitpunkt seiner Aufstellung bereits geleistet, angeordnet oder absehbar sind, sowie die damit zusammenhängenden Änderungen der Ziele und Kennzahlen enthalten.

(2) Enthält der Nachtragshaushaltsplan neue Verpflichtungsermächtigungen, sind deren Auswirkungen auf den Finanzplan anzugeben; die Übersicht nach § 1 Abs. 3 Nr. 3 ist zu ergänzen.

§ 9   Finanzplan

(1) Der fünfjährige Finanzplan (§ 85 GemO) umfasst das laufende Haushaltsjahr, das Haushaltsjahr, für das der Haushaltsplan aufgestellt wird (Planjahr), und die folgenden drei Haushaltsjahre. Er besteht aus einer Übersicht über die Entwicklung der Erträge und Aufwendungen unter Berücksichtigung von Fehlbeträgen aus Vorjahren und des zu veranschlagenden Gesamtergebnisses des Ergebnishaushalts und einer Übersicht über die Entwicklung der Einzahlungen und Auszahlungen des Finanzhaushalts. Für Investitionen und Investitionsförderungsmaßnahmen ist eine Gliederung nach Produktbereichen oder Teilhaushalten vorzunehmen. Die Gliederung richtet sich nach den Mustern.

(2) In das dem Finanzplan zugrundezulegende Investitionsprogramm sind die im Planungszeitraum vorgesehenen Investitionen und Investitionsförderungsmaßnahmen nach Jahresabschnitten aufzunehmen. Jeder Jahresabschnitt soll die fortzuführenden und neuen Investitionen und Investitionsförderungsmaßnahmen mit den auf das betreffende Jahr entfallenden Teilbeträgen wiedergeben. Unbedeutende Investitionen und Investitionsförderungsmaßnahmen können zusammengefasst werden.

(3) Bei der Aufstellung und Fortschreibung des Finanzplans sollen die vom Innenministerium auf der Grundlage der Empfehlungen des Finanzplanungsrats bekannt gegebenen Orientierungsdaten berücksichtigt werden.

(4) Der Finanzplan soll für die einzelnen Jahre bei Erträgen und Aufwendungen ausgeglichen sein. Die Finanzierung der Investitionsauszahlungen ist darzustellen.

ZWEITER ABSCHNITT
Planungsgrundsätze

§ 10   Allgemeine Planungsgrundsätze

(1) Die Erträge und Aufwendungen sind in ihrer voraussichtlichen Höhe in dem Haushaltsjahr zu veranschlagen, dem sie wirtschaftlich zuzurechnen sind. Die Einzahlungen und Auszahlungen sind in Höhe der im Haushaltsjahr voraussichtlich eingehenden oder zu leistenden Beträge zu veranschlagen. Sie sind sorgfältig zu schätzen, soweit sie nicht errechenbar sind.

(2) Die Erträge, Aufwendungen, Einzahlungen und Auszahlungen sind in voller Höhe und getrennt voneinander zu veranschlagen, soweit in dieser Verordnung nichts anderes bestimmt ist.

(3) Im Gesamthaushalt und in den Teilhaushalten sind Erträge und Einzahlungen, Aufwendungen und Auszahlun-

gen nach Arten (§§ 2 und 3) zu veranschlagen. In den Teilergebnishaushalten ist der anteilige Nettoressourcenbedarf (§ 4 Abs. 3 Satz 3 Nr. 4), untergegliedert in anteiliges ordentliches Ergebnis und kalkulatorisches Ergebnis (§ 4 Abs. 3 Satz 3 Nr. 2 und 3), zu veranschlagen.

(4) Für denselben Zweck sollen Aufwendungen und Auszahlungen nicht an verschiedenen Stellen im Haushaltsplan veranschlagt werden. Wird ausnahmsweise anders verfahren, ist auf die Ansätze gegenseitig zu verweisen.

§ 11 Verpflichtungsermächtigungen

Die Verpflichtungsermächtigungen sind in den Teilfinanzhaushalten maßnahmenbezogen zu veranschlagen. Dabei ist anzugeben, wie sich die Belastungen voraussichtlich auf die künftigen Jahre verteilen werden. Für Investitionen unterhalb der nach § 4 Abs. 4 Satz 4 örtlich festgelegten Wertgrenzen können Verpflichtungsermächtigungen zusammengefasst werden.

§ 12 Investitionen

(1) Bevor Investitionen von erheblicher finanzieller Bedeutung beschlossen werden, soll unter mehreren in Betracht kommenden Möglichkeiten durch einen Wirtschaftlichkeitsvergleich unter Einbeziehung der Folgekosten die für die Gemeinde wirtschaftlichste Lösung ermittelt werden.

(2) Auszahlungen und Verpflichtungsermächtigungen für Baumaßnahmen dürfen erst veranschlagt werden, wenn Pläne, Kostenberechnungen und Erläuterungen vorliegen, aus denen die Art der Ausführung, die Kosten der Maßnahme sowie die voraussichtlichen Jahresraten unter Angabe der Kostenbeteiligung Dritter und ein Bauzeitplan im Einzelnen ersichtlich sind. Den Unterlagen ist eine Schätzung der nach Fertigstellung der Maßnahme entstehenden jährlichen Haushaltsbelastungen beizufügen.

(3) Ausnahmen von Absatz 2 sind bei unbedeutenden Maßnahmen zulässig; eine Kostenberechnung muss jedoch stets vorliegen.

§ 13   Verfügungsmittel, Deckungsreserve

Im Ergebnishaushalt können in angemessener Höhe

1. Verfügungsmittel des Bürgermeisters und
2. Mittel zur Deckung über- und außerplanmäßiger Aufwendungen des Ergebnishaushalts (Deckungsreserve)

veranschlagt werden. Die Ansätze für die Verfügungsmittel und für die Deckungsreserve dürfen nicht überschritten werden, die verfügbaren Mittel sind nicht übertragbar; die Verfügungsmittel des Bürgermeisters sind nicht deckungsfähig.

§ 14   Kosten- und Leistungsrechnungen

Als Grundlage für die Verwaltungssteuerung sowie für die Beurteilung der Wirtschaftlichkeit und Leistungsfähigkeit der Verwaltung sollen für alle Aufgabenbereiche nach den örtlichen Bedürfnissen Kosten- und Leistungsrechnungen geführt werden. Die Kosten sind aus der Buchführung nachprüfbar herzuleiten.

§ 15   Fremde Finanzmittel

(1) Finanzmittel, die die Kasse des endgültigen Kostenträgers oder eine andere Kasse, die unmittelbar mit dem endgültigen Kostenträger abrechnet, anstelle der Gemeindekasse einnimmt oder ausgibt, sind nicht zu veranschlagen.

(2) Durchlaufende Finanzmittel, insbesondere Mittel, die die Gemeinde auf Grund eines Gesetzes unmittelbar für den Haushalt eines anderen öffentlichen Aufgabenträgers einnimmt oder ausgibt, einschließlich der ihr zu Selbstbewirtschaftung zugewiesenen Mittel, sind nicht zu veranschlagen.

Sie können bei der Weiterleitung bei den entsprechenden Einzahlungen abgesetzt werden.

§ 16 Weitere Vorschriften für Erträge und Aufwendungen, Einzahlungen und Auszahlungen

(1) Die Rückzahlung zuviel eingegangener Beträge ist bei den Erträgen und Einzahlungen abzusetzen, wenn die Rückzahlung im selben Jahr vorgenommen wird, in dem der Betrag eingegangen ist. In den anderen Fällen sind die Rückzahlungen als Aufwendungen und Auszahlungen zu behandeln.

(2) Die Rückzahlung zuviel ausgezahlter Beträge ist bei den Aufwendungen und Auszahlungen abzusetzen, wenn die Rückzahlung im selben Jahr vorgenommen wird, in dem der Betrag ausgezahlt worden ist. Dasselbe gilt bei periodisch wiederkehrenden Aufwendungen und Auszahlungen, auch wenn die Rückzahlung erst im folgenden Jahr vorgenommen wird. In den anderen Fällen, sind die Rückzahlungen als Erträge und Einzahlungen zu behandeln.

(3) Abgaben, abgabenähnliche Entgelte und allgemeine Zuweisungen, die die Gemeinde zurückzuzahlen hat, sind abweichend von Absatz 1 bei den Erträgen und Einzahlungen abzusetzen, auch wenn sie sich auf Erträge und Einzahlungen der Vorjahre beziehen. Dies gilt abweichend von Absatz 2 entsprechend für geleistete Umlagen, die an die Gemeinde zurückfließen; sie sind bei den Aufwendungen und Auszahlungen abzusetzen.

(4) Die Veranschlagung von Personalaufwendungen richtet sich nach den im Haushaltsjahr voraussichtlich besetzten Stellen. Die Versorgungsaufwendungen (§ 2 Abs. 1 Nr. 12) und Beihilfeaufwendungen sind auf die Teilhaushalte aufzuteilen.

(5) Interne Leistungen sind in den Teilhaushalten zu verrechnen (innere Verrechnungen). Dasselbe gilt für aktivierungsfähige interne Leistungen, die einzelnen Maßnahmen des Finanzhaushalts zuzurechnen sind.

§ 17 Erläuterungen

Die Ansätze sind soweit erforderlich zu erläutern. Insbesondere sind zu erläutern

1. Ansätze von Erträgen und Aufwendungen, soweit sie erheblich sind und von den bisherigen Ansätzen erheblich abweichen,

2. neue Investitionsmaßnahmen des Finanzhaushalts; erstrecken sie sich über mehrere Jahre, ist bei jeder folgenden Veranschlagung die bisherige Abwicklung darzulegen,

3. Notwendigkeit und Höhe der Verpflichtungsermächtigungen,

4. Ansätze für Aufwendungen und Auszahlungen zur Erfüllung von Verträgen, die die Gemeinde über ein Jahr hinaus zu erheblichen Zahlungen verpflichten,

5. Sperrvermerke, Zweckbindungen und andere besondere Bestimmungen im Haushaltsplan,

6. Abschreibungen, soweit sie erheblich von den planmäßigen Abschreibungen oder soweit sie von den im Vorjahr angewendeten Abschreibungssätzen abweichen,

7. Ausnahmen nach § 12 Abs. 3 und

8. Bildung, Verwendung und Auflösung von Rückstellungen.

DRITTER ABSCHNITT
Deckungsgrundsätze

§ 18 Grundsatz der Gesamtdeckung

(1) Soweit in dieser Verordnung nichts anderes bestimmt ist, dienen

1. die Erträge des Ergebnishaushalts insgesamt zur Deckung der Aufwendungen des Ergebnishaushalts und

2. die Einzahlungen des Finanzhaushalts insgesamt zur Deckung der Auszahlungen des Finanzhaushalts.

(2) Die Inanspruchnahme gegenseitiger Deckungsfähigkeit (§ 20) und die Übertragung (§ 21) sind nur zulässig, wenn dadurch das geplante Gesamtergebnis nicht gefährdet ist und die Kreditaufnahmevorschriften beachtet werden.

§ 19 Zweckbindung

(1) Erträge sind auf die Verwendung für bestimmte Aufwendungen zu beschränken, soweit sich dies aus rechtlicher Verpflichtung ergibt. Sie können auf die Verwendung für bestimmte Aufwendungen beschränkt werden,

1. wenn die Beschränkung sich aus der Herkunft oder Natur der Erträge ergibt oder
2. wenn ein sachlicher Zusammenhang dies erfordert und durch die Zweckbindung die Bewirtschaftung der Mittel erleichtert wird.

Zweckgebundene Mehrerträge dürfen für entsprechende Mehraufwendungen verwendet werden.

(2) Im Haushaltsplan kann bestimmt werden, dass Mehrerträge bestimmte Aufwendungsansätze des Ergebnishaushalts erhöhen oder Mindererträge bestimmte Aufwendungsansätze vermindern. Ausgenommen hiervon sind Erträge aus Steuern, allgemeinen Zuweisungen und Umlagen.

(3) Mehraufwendungen nach den Absätzen 1 und 2 gelten nicht als überplanmäßige Aufwendungen.

(4) Die Absätze 1 bis 3 gelten für den Finanzhaushalt entsprechend.

§ 20 Deckungsfähigkeit

(1) Aufwendungen und übertragene Ermächtigungen im Ergebnishaushalt, die zu einem Budget gehören, sind gegenseitig deckungsfähig, wenn im Haushaltsplan nichts anderes bestimmt wird.

(2) Aufwendungen im Ergebnishaushalt, die nicht nach Absatz 1 deckungsfähig sind, können für gegenseitig oder einseitig deckungsfähig erklärt werden, wenn sie sachlich zusammenhängen.

(3) Die Absätze 1 und 2 gelten für Auszahlungen und Verpflichtungsermächtigungen für Investitionstätigkeit entsprechend.

(4) Zahlungswirksame Aufwendungen eines Budgets können zu Gunsten von Auszahlungen des Budgets nach § 3 Nr. 10 bis 15 im Finanzhaushalt für einseitig deckungsfähig erklärt werden.

(5) Bei Deckungsfähigkeit können die deckungsberechtigten Ansätze für Aufwendungen und Auszahlungen zu Lasten der deckungspflichtigen Ansätze erhöht werden.

§ 21 Übertragbarkeit

(1) Die Ansätze für Auszahlungen für Investitionen und Investitionsförderungsmaßnahmen bleiben bis zur Fälligkeit der letzten Zahlung für ihren Zweck verfügbar, bei Baumaßnahmen und Beschaffungen längstens jedoch zwei Jahre nach Schluss des Haushaltsjahres, in dem der Bau oder der Gegenstand in seinen wesentlichen Teilen in Benutzung genommen werden kann.

(2) Ansätze für Aufwendungen und Auszahlungen eines Budgets können ganz oder teilweise für übertragbar erklärt werden. Sie bleiben bis längstens zwei Jahre nach Schluss des Haushaltsjahres verfügbar.

(3) Die Absätze 1 und 2 gelten entsprechend für überplanmäßige und außerplanmäßige Aufwendungen und Auszahlungen, wenn sie bis zum Ende des Haushaltsjahres in Anspruch genommen, jedoch noch nicht geleistet worden sind.

VIERTER ABSCHNITT
Liquidität und Rücklagen

§ 22 Liquidität

(1) Die liquiden Mittel müssen für ihren Zweck rechtzeitig verfügbar sein.

(2) Die Verwendung liquider Mittel als innere Darlehen zur Finanzierung von Investitionen ist im Anhang zum Jahresabschluss darzustellen und zu erläutern (§ 53 Abs. 2 Nr. 5).

(3) Liquide Mittel, die innerhalb des fünfjährigen Finanzplanungszeitraums (§ 9) zur Deckung von Auszahlungen des Finanzhaushalts nicht benötigt werden, können in Anteilen an Investmentfonds im Sinne des Investmentmodernisierungsgesetzes sowie in ausländischen Investmentanteilen, die nach dem Investmentmodernisierungsgesetz öffentlich vertrieben werden dürfen, angelegt werden. Die Investmentfonds dürfen

1. nur von Investmentgesellschaften mit Sitz in einem Mitgliedstaat der Europäischen Union verwaltet werden,

2. nur auf Euro lautende und von Emittenten mit Sitz in einem Mitgliedstaat der Europäischen Union ausgegebene Investmentanteile,

3. nur Standardwerte in angemessener Streuung und Mischung,

4. keine Wandel- und Optionsanleihen und

5. höchstens 30 Prozent Anlagen in Aktien, Aktienfonds und offenen Immobilienfonds, bezogen auf den einzelnen Investmentfonds, enthalten.

Die Gemeinde erlässt für die Geldanlage in Investmentfonds Anlagerichtlinien, die die Sicherheitsanforderungen, die Verwaltung der Geldanlagen durch die Gemeinde und regelmäßige Berichtspflichten regeln.

§ 23   Rücklagen

Für Überschüsse des ordentlichen Ergebnisses und Überschüsse des Sonderergebnisses sind gesonderte Rücklagen (Ergebnisrücklagen) zu führen. Außerdem können Rücklagen für andere Zwecke gebildet werden.

FÜNFTER ABSCHNITT
Haushaltsausgleich und Deckung von Fehlbeträgen

§ 24   Haushaltsausgleich

(1) Kann der Ausgleich des ordentlichen Ergebnisses unter Berücksichtigung von Fehlbeträgen aus Vorjahren (§ 80 Abs. 2 Satz 2 GemO) trotz Ausnutzung aller Sparmöglichkeiten und Ausschöpfung aller Ertragsmöglichkeiten nicht erreicht werden, sollen Mittel der Rücklage aus Überschüssen des ordentlichen Ergebnisses zum Haushaltsausgleich verwendet werden. Anstelle oder zusätzlich zur Rücklagenverwendung kann im Ergebnishaushalt auch eine pauschale Kürzung von Aufwendungen bis zu einem Betrag von 1 Prozent der Summe der ordentlichen Aufwendungen unter Angabe der zu kürzenden Teilhaushalte veranschlagt werden (globaler Minderaufwand).

(2) Ist ein Ausgleich des ordentlichen Ergebnisses nach Absatz 1 nicht erreichbar, sollen Überschüsse des Sonderergebnisses und Mittel der Rücklage aus Überschüssen des Sonderergebnisses zum Haushaltsausgleich verwendet werden.

(3) Soweit ein Ausgleich des ordentlichen Ergebnisses nach Absatz 1 und 2 nicht erreichbar ist, kann ein verbleibender Haushaltsfehlbetrag im mehrjährigen Finanzplan (§ 9) längstens in die drei folgenden Haushaltsjahre vorgetragen werden. Für die Deckung des Haushaltsfehlbetrags im Jahresabschluss als Fehlbetrag des Planjahres gilt § 25.

(4) Werden außerordentliche Erträge und Aufwendungen veranschlagt und kann ein Ausgleich des Sonderergebnisses

noch nicht geplant werden, ist ein zum Ende des Haushaltsjahres verbleibender Fehlbetrag beim Sonderergebnis im
Jahresabschluss nach § 25 Abs. 4 zu verrechnen.

§ 25   Deckung von Fehlbeträgen des Jahresabschlusses und aus Vorjahren

(1) Ein Fehlbetrag beim ordentlichen Ergebnis soll unverzüglich gedeckt werden. Er soll im Jahresabschluss durch
Entnahme aus der Rücklage aus Überschüssen des ordentlichen Ergebnisses verrechnet werden.

(2) Ein nach Absatz 1 verbleibender Fehlbetrag soll im
Jahresabschluss mit einem Überschuss beim Sonderergebnis
oder durch Entnahme aus der Rücklage aus Überschüssen
des Sonderergebnisses verrechnet werden.

(3) Ein danach verbleibender Fehlbetrag ist nach drei Jahren auf das Basiskapital zu verrechnen, soweit er nicht mit
Ergebnisüberschüssen in einem vorangehenden Haushaltsjahr durch Veranschlagung und Vollzug im Ergebnishaushalt (§ 2 Abs. 1 Nr. 20) oder durch Verrechnung in einem
vorangehenden Jahresabschluss gedeckt werden kann. Das
Basiskapital darf nicht negativ werden.

(4) Ein Fehlbetrag beim Sonderergebnis ist im Jahresabschluss durch Entnahme aus der Rücklage aus Überschüssen des Sonderergebnisses zu verrechnen. Soweit dies nicht
möglich ist, ist der Fehlbetrag zu Lasten des Basiskapitals zu
verrechnen; Absatz 3 Satz 2 gilt entsprechend.

SECHSTER ABSCHNITT
Weitere Vorschriften für die Haushaltswirtschaft

§ 26   Überwachung der Erträge, Einzahlungen und Forderungen

Durch geeignete Maßnahmen ist sicherzustellen, dass die
der Gemeinde zustehenden Erträge und Einzahlungen voll-

ständig erfasst und Forderungen rechtzeitig eingezogen werden.

§ 27 Bewirtschaftung und Überwachung der Aufwendungen und Auszahlungen

(1) Die Haushaltsansätze sind so zu bewirtschaften, dass sie für die im Haushaltsjahr anfallenden Aufwendungen und Auszahlungen ausreichen; sie dürfen erst dann in Anspruch genommen werden, wenn die Erfüllung der Aufgaben es erfordert.

(2) Über Ansätze für Auszahlungen des Finanzhaushalts darf nur verfügt werden, soweit Deckungsmittel rechtzeitig bereitgestellt werden können. Dabei darf die Finanzierung anderer, bereits begonnener Maßnahmen nicht beeinträchtigt werden.

(3) Die Inanspruchnahme der Haushaltsansätze und der Ermächtigungen für Planabweichungen sind zu überwachen. Die bei den einzelnen Teilhaushalten noch zur Verfügung stehenden Mittel für Aufwendungen und Auszahlungen müssen stets erkennbar sein.

(4) Absätze 1 und 3 gelten für die Inanspruchnahme von Verpflichtungsermächtigungen entsprechend.

§ 28 Berichtspflicht

(1) Der Gemeinderat ist unterjährig über den Stand des Haushaltsvollzugs (Erreichung der Finanz- und Leistungsziele) in den Teilhaushalten und im Gesamthaushalt zu unterrichten.

(2) Der Gemeinderat ist unverzüglich zu unterrichten, wenn sich abzeichnet, dass

1. sich das Planergebnis von Ergebnishaushalt oder Finanzhaushalt wesentlich verschlechtert oder

2. sich die Gesamtauszahlungen einer Maßnahme des Finanzhaushalts wesentlich erhöhen werden.

§ 29 Haushaltswirtschaftliche Sperre

Soweit und solange die Entwicklung der Erträge und Einzahlungen oder Aufwendungen und Auszahlungen es erfordert, ist die Inanspruchnahme von Ansätzen für Aufwendungen, Auszahlungen und Verpflichtungsermächtigungen aufzuschieben.

§ 30 Vorläufige Rechnungsvorgänge

(1) Eine Auszahlung, die sich auf den Haushalt auswirkt, darf vorläufig als durchlaufende Auszahlung nur behandelt werden, wenn die Verpflichtung zur Leistung feststeht, die Deckung gewährleistet ist und die Zuordnung zu haushaltswirksamen Konten nicht oder noch nicht möglich ist.

(2) Eine Einzahlung, die sich auf den Haushalt auswirkt, darf vorläufig als durchlaufende Einzahlung nur behandelt werden, wenn eine Zuordnung zu haushaltswirksamen Konten nicht oder noch nicht möglich ist.

§ 31 Vergabe von Aufträgen

(1) Der Vergabe von Aufträgen muss eine öffentliche Ausschreibung vorausgehen, sofern nicht die Natur des Geschäfts oder besondere Umstände eine beschränkte Ausschreibung oder freihändige Vergabe rechtfertigen.

(2) Bei der Vergabe von Aufträgen und dem Abschluss von Verträgen sind die als verbindlich bekannt gegebenen Vergabegrundsätze anzuwenden.

§ 32 Stundung, Niederschlagung und Erlass

(1) Ansprüche dürfen ganz oder teilweise gestundet werden, wenn ihre Einziehung bei Fälligkeit eine erhebliche Härte für den Schuldner bedeuten würde und der Anspruch durch die Stundung nicht gefährdet erscheint. Gestundete Beträge sind in der Regel angemessen zu verzinsen.

(2) Ansprüche dürfen niedergeschlagen werden, wenn

1. feststeht, dass die Einziehung keinen Erfolg haben wird, oder

2. die Kosten der Einziehung außer Verhältnis zur Höhe des Anspruchs stehen.

(3) Ansprüche dürfen ganz oder zum Teil erlassen werden, wenn ihre Einziehung nach Lage des einzelnen Falles für den Schuldner eine besondere Härte bedeuten würde. Das Gleiche gilt für die Rückzahlung oder Anrechnung von geleisteten Beträgen.

(4) Besondere gesetzliche Vorschriften über Stundung, Niederschlagung und Erlass von Ansprüchen der Gemeinde bleiben unberührt.

§ 33 Kleinbeträge

Die Gemeinde kann davon absehen, Ansprüche von weniger als zehn Euro geltend zu machen, es sei denn, dass die Einziehung aus grundsätzlichen Erwägungen geboten ist; Letzteres gilt insbesondere für Gebühren. Wenn nicht die Einziehung des vollen Betrags aus grundsätzlichen Erwägungen geboten ist, können Ansprüche bis auf volle Euro abgerundet werden. Mit juristischen Personen des öffentlichen Rechts kann im Falle der Gegenseitigkeit etwas anderes vereinbart werden.

SIEBTER ABSCHNITT
Buchführung und Inventar

§ 34 Buchführung

(1) Die Buchführung dient

1. der Bereitstellung von Informationen für den Haushaltsvollzug und für die Haushaltsplanung,

2. der Aufstellung des Jahresabschlusses und der Durchführung des Planvergleichs und

3. der Überprüfung des Umgangs mit öffentlichen Mitteln im Hinblick auf Rechtmäßigkeit, Wirtschaftlichkeit und Sparsamkeit.

(2) Zur Erfüllung der in Absatz 1 genannten Zwecke sind Bücher in der Form der doppelten Buchführung zu führen, in denen

1. alle Vorgänge, die zu einer Änderung der Höhe oder der Zusammensetzung des Vermögens, der aktiven Abgrenzungsposten, der Rückstellungen und Schulden sowie der passiven Rechnungsabgrenzungsposten führen, insbesondere Aufwendungen und Erträge sowie Auszahlungen und Einzahlungen,

2. die Lage des Vermögens und

3. die sonstigen, nicht das Vermögen der Gemeinde berührenden wirtschaftlichen Vorgänge, insbesondere durchlaufende Finanzmittel (§ 15 Abs. 2),

nach den Grundsätzen ordnungsmäßiger Buchführung aufgezeichnet werden. Die Buchführung muss so beschaffen sein, dass sie einem sachverständigen Dritten innerhalb angemessener Zeit einen Überblick über die Verwaltungsvorfälle und über die wirtschaftliche Lage der Gemeinde vermitteln kann. Die Verwaltungsvorfälle müssen sich in ihrer Entstehung und Abwicklung nachvollziehen lassen.

§ 35 Führung der Bücher

(1) Die Bücher und die sonst erforderlichen Aufzeichnungen können auf Datenträgern (DV-Buchführung) oder in visuell lesbarer Form geführt werden. Der Bürgermeister bestimmt, in welcher Form die Bücher geführt werden.

(2) Die Eintragungen in Büchern und die sonst erforderlichen Aufzeichnungen müssen vollständig, richtig, zeitgerecht, geordnet und nachprüfbar vorgenommen werden. Die Bedeutung von verwendeten Abkürzungen, Ziffern, Buchstaben oder Symbolen muss im Einzelfall eindeutig festgelegt sein. Bei visuell lesbarer Buchführung sind die Eintragungen urkundenecht vorzunehmen.

(3) Eine Eintragung oder eine Aufzeichnung darf nicht in einer Weise verändert werden, dass der ursprüngliche Inhalt nicht mehr feststellbar ist. Auch solche Veränderungen dürfen nicht vorgenommen werden, deren Beschaffenheit es ungewiss lässt, ob sie ursprünglich oder erst später vorgenommen worden sind.

(4) Der Buchführung ist der nach § 145 Satz 1 Nr. 5 GemO bekannt gegebene Kontenrahmen zu Grunde zu legen. Der Kontenrahmen kann bei Bedarf weiter untergliedert werden. Die eingerichteten Konten sind in einem Verzeichnis (Kontenplan) aufzuführen.

(5) Bei der DV-Buchführung sind die Grundsätze ordnungsmäßiger DV-gestützter Buchführungssysteme zu beachten. Insbesondere ist sicherzustellen, dass

1. nur Programme nach Maßgabe von § 114 a GemO verwendet werden, die mit dem geltenden Recht übereinstimmen; sie müssen dokumentiert und von der vom Bürgermeister bestimmten Stelle zur Anwendung freigegeben sein,

2. in das automatisierte Verfahren nicht unbefugt eingegriffen werden kann,

3. die gespeicherten Daten nicht verloren gehen und nicht unbefugt verändert werden können,

4. die Buchungen bis zum Ablauf der Aufbewahrungsfristen der Bücher jederzeit in angemessener Frist ausgedruckt werden können; § 39 Abs. 3 bleibt unberührt,

5. die Unterlagen, die für den Nachweis der ordnungsgemäßen maschinellen Abwicklung der Buchungsvorgänge erforderlich sind, einschließlich der Dokumentation der verwendeten Programme und eines Verzeichnisses über den Aufbau der Datensätze, bis zum Ablauf der Aufbewahrungsfrist der Bücher verfügbar sind und jederzeit in angemessener Frist lesbar gemacht werden können und

6. Berichtigungen der Bücher protokolliert und die Protokolle wie Belege aufbewahrt werden.

(6) Der Bürgermeister regelt das Nähere über die Sicherung des Buchungsverfahrens. Auf eine ausreichende Trennung der Tätigkeitsbereiche der Verwaltung von automatisierten Verfahren, der fachlichen Sachbearbeitung und der Erledigung der Kassenaufgaben ist zu achten. Die Bücher sind durch geeignete Maßnahmen gegen Verlust, Wegnahme und Veränderungen zu schützen.

§ 36 Bücher, Belege

(1) Die Buchungen sind in zeitlicher Ordnung (Journal) und in sachlicher Ordnung (Hauptbuch) vorzunehmen. Bei DV-Buchführung müssen Auswertungen in zeitlicher und sachlicher Ordnung möglich sein. Es können Vor- und Nebenbücher geführt werden, deren Ergebnisse zeitnah in das Journal und das Hauptbuch übernommen werden. Die Ergebnisse sind spätestens zum Ende des Haushaltsjahres zu übernehmen.

(2) Die Buchung im Journal umfasst mindestens

1. ein eindeutiges fortlaufendes Ordnungsmerkmal,

2. den Tag der Buchung,

3. ein Identifikationsmerkmal, das die Verbindung mit der sachlichen Buchung herstellt und

4. den Betrag.

Der Tag der Buchung kann von dem Tag abweichen, an dem die Zahlung nach den öffentlich-rechtlichen oder zivilrechtlichen Vorschriften als bewirkt gilt.

(3) Das Hauptbuch enthält die für die Aufstellung der Ergebnisrechnung, der Finanzrechnung und der Vermögensrechnung erforderlichen Sachkonten.

(4) Buchungen müssen durch Kassenanordnungen und Auszahlungsnachweise sowie Unterlagen, aus denen sich der Grund der Buchung ergibt (begründende Unterlagen), belegt sein. Die Buchungsbelege müssen Hinweise enthalten, die eine Verbindung zu den Eintragungen in den Büchern ermöglichen.

§ 37 Inventar, Inventur

(1) Die Gemeinde hat zu Beginn des ersten Haushaltsjahres mit einer Rechungsführung nach den Regeln der doppelten Buchführung und danach für den Schluss eines jeden Haushaltsjahres ihre Grundstücke, ihre Forderungen, Schulden, Sonderposten und Rückstellungen, den Betrag ihres baren Geldes sowie ihre sonstigen Vermögensgegenstände genau zu verzeichnen und dabei den Wert der einzelnen Vermögensgegenstände und Schulden anzugeben (Inventar). Körperliche Vermögensgegenstände sind durch eine körperliche Bestandsaufnahme zu erfassen, soweit in dieser Verordnung nichts anderes bestimmt ist. Das Inventar ist innerhalb der einem ordnungsmäßigen Geschäftsgang entsprechenden Zeit aufzustellen.

(2) Vermögensgegenstände des Sachvermögens können, wenn sie regelmäßig ersetzt werden und ihr Gesamtwert für die Gemeinde von nachrangiger Bedeutung ist, mit einer gleichbleibenden Menge und einem gleichbleibenden Wert angesetzt werden, sofern ihr Bestand in seiner Größe, seinem Wert und seiner Zusammensetzung nur geringen Veränderungen unterliegt. Jedoch ist in der Regel alle fünf Jahre eine körperliche Bestandsaufnahme durchzuführen.

(3) Gleichartige Vermögensgegenstände des Vorratsvermögens sowie andere gleichartige oder annähernd gleichwertige bewegliche Vermögensgegenstände und Rückstellungen können jeweils zu einer Gruppe zusammengefasst und mit dem gewogenen Durchschnittswert angesetzt werden.

§ 38 Inventurvereinfachungsverfahren

(1) Bei der Aufstellung des Inventars darf der Bestand der Vermögensgegenstände nach Art, Menge und Wert auch mit Hilfe anerkannter mathematisch-statistischer Methoden auf Grund von Stichproben ermittelt werden. Das Verfahren muss den Grundsätzen ordnungsmäßiger Buchführung entsprechen. Der Aussagewert des auf diese Weise aufgestellten Inventars muss dem Aussagewert eines auf Grund einer körperlichen Bestandsaufnahme aufgestellten Inventars gleichkommen.

(2) Bei der Aufstellung des Inventars für den Schluss eines Haushaltsjahres bedarf es einer körperlichen Bestandsaufnahme der Vermögensgegenstände für diesen Zeitpunkt nicht, soweit durch Anwendung eines den Grundsätzen ordnungsmäßiger Buchführung entsprechenden anderen Verfahrens gesichert ist, dass der Bestand der Vermögensgegenstände nach Art, Menge und Wert auch ohne die körperliche Bestandsaufnahme für diesen Zeitpunkt festgestellt werden kann.

(3) In dem Inventar für den Schluss eines Haushaltsjahres brauchen Vermögensgegenstände nicht verzeichnet zu werden, wenn

1. die Gemeinde ihren Bestand auf Grund einer körperlichen Bestandsaufnahme oder auf Grund eines nach Absatz 2 zulässigen anderen Verfahrens nach Art, Menge und Wert in einem besonderen Inventar verzeichnet hat, das für einen Tag innerhalb der letzten drei Monate vor oder der

ersten beiden Monate nach dem Schluss des Haushaltsjahres aufgestellt ist, und

2. auf Grund des besonderen Inventars durch Anwendung
eines den Grundsätzen ordnungsmäßiger Buchführung
entsprechenden Fortschreibungs- oder Rückrechnungs-
verfahrens gesichert ist, dass der am Schluss des Haushaltsjahres vorhandene Bestand der Vermögensgegenstände für diesen Zeitpunkt ordnungsgemäß bewertet
werden kann.

(4) Der Bürgermeister kann für bewegliche Vermögensgegenstände des Sachvermögens bis zu einem Wert von
1 000 Euro ohne Umsatzsteuer Befreiungen von § 37 Abs. 1
Sätze 1 und 3 vorsehen.

§ 39   Aufbewahrung von Unterlagen, Aufbewahrungsfristen

(1) Die Bücher und Belege sind sicher und geordnet aufzubewahren. Soweit begründende Unterlagen, aus denen
sich der Zahlungsgrund ergibt, nicht den Kassenanordnungen beigefügt sind, obliegt ihre Aufbewahrung den anord-
nenden Stellen.

(2) Der Jahresabschluss ist dauernd in ausgedruckter
Form aufzubewahren. Die Bücher und Inventare sind zehn
Jahre, die Belege sechs Jahre aufzubewahren. Ergeben sich
Zahlungsgrund und Zahlungspflichtige oder Empfangs-
berechtigte nicht aus den Büchern, sind die Belege so lange
wie die Bücher aufzubewahren. Gutschriften, Lastschriften
und die Kontoauszüge der Kreditinstitute sind wie Belege
aufzubewahren. Die Fristen beginnen am 1. Januar des der
Feststellung des Jahresabschlusses folgenden Haushaltsjahres.

(3) Nach Abschluss der überörtlichen Prüfung, frühestens
nach Ablauf von drei Jahren seit Beginn der Aufbewahrungsfrist, können die Bücher, Inventare und Belege auf
Bild- oder Datenträgern aufbewahrt werden, wenn sichergestellt ist, dass der Inhalt der Bild- oder Datenträger mit

den Originalen übereinstimmt und jederzeit lesbar gemacht werden kann. Die Bild- oder Datenträger sind nach den Absätzen 1 und 2 anstelle der Originale aufzubewahren. Der Bürgermeister kann zulassen, dass der Inhalt von Büchern und Belegen vor Ablauf der in Satz 1 genannten Frist auf Bild- oder Datenträger übernommen wird, wenn sichergestellt ist, dass die Daten innerhalb der Frist jederzeit in ausgedruckter Form lesbar gemacht werden können. Die Verfilmung oder Speicherung von Fremdbelegen muss farbecht erfolgen. Bevor eine solche Regelung zugelassen wird, ist die für die überörtliche Prüfung zuständige Stelle zu hören.

(4) Werden automatisierte Verfahren, in denen Bücher gespeichert sind, geändert oder abgelöst, muss die maschinelle Auswertung der gespeicherten Daten innerhalb der Aufbewahrungsfristen auch mit den geänderten oder neuen Verfahren oder durch ein anderes Verfahren gewährleistet sein.

ACHTER ABSCHNITT
Ansatz und Bewertung des Vermögens, der Rückstellungen und Schulden, Verrechnungs- und Bilanzierungsverbote

§ 40 Vollständigkeit der Ansätze, Verrechnungs- und Bilanzierungsverbote, Vermögen

(1) In der Vermögensrechnung sind die immateriellen Vermögensgegenstände, das Sachvermögen und das Finanzvermögen unbeschadet § 92 Abs. 1 Satz 1 GemO, die aktiven Abgrenzungsposten sowie die Kapitalposition, die Sonderposten, die Rückstellungen, die Verbindlichkeiten und die passiven Rechnungsabgrenzungsposten vollständig auszuweisen und hinreichend aufzugliedern.

(2) Posten der Aktivseite dürfen nicht mit Posten der Passivseite, Aufwendungen nicht mit Erträgen, Einzahlungen nicht mit Auszahlungen, Grundstücksrechte nicht mit

Grundstückslasten verrechnet werden, soweit in dieser Verordnung nichts anderes bestimmt ist.

(3) Für immaterielle Vermögensgegenstände, die nicht entgeltlich erworben wurden, darf ein Aktivposten nicht angesetzt werden.

(4) Von der Gemeinde geleistete Investitionszuschüsse sollen als Sonderposten in der Vermögensrechnung ausgewiesen und entsprechend dem Zuwendungsverhältnis aufgelöst werden. Empfangene Investitionszuweisungen und Investitionsbeiträge können als Sonderposten in der Vermögensrechnung ausgewiesen und entsprechend der voraussichtlichen Nutzungsdauer aufgelöst werden.

§ 41 Rückstellungen

(1) Rückstellungen sind zu bilden für folgende ungewisse Verbindlichkeiten und unbestimmte Aufwendungen:

1. die Lohn- und Gehaltszahlung für Zeiten der Freistellung von der Arbeit im Rahmen von Altersteilzeitarbeit und ähnlichen Maßnahmen,

2. die Verpflichtungen aus der Erstattung von Unterhaltsvorschüssen,

3. die Stilllegung und Nachsorge von Abfalldeponien,

4. den Ausgleich von ausgleichspflichtigen Gebührenüberschüssen,

5. die Sanierung von Altlasten und

6. drohende Verpflichtungen aus Bürgschaften, Gewährleistungen und anhängigen Gerichtsverfahren.

(2) Weitere Rückstellungen können gebildet werden. Für die Ansammlung der Rückstellungen für Pensionsverpflichtungen bleibt § 27 Abs. 5 des Gesetzes über den Kommunalen Versorgungsverband Baden-Württemberg (GKV) unberührt.

(3) Rückstellungen dürfen nur aufgelöst werden, soweit der Grund hierfür entfallen ist.

§ 42 Vorbelastungen künftiger Haushaltsjahre

Unter der Vermögensrechnung (Bilanz) sind, sofern sie nicht auf der Passivseite auszuweisen sind, die Vorbelastungen künftiger Haushaltsjahre zu vermerken, insbesondere Bürgschaften, Gewährleistungen, eingegangene Verpflichtungen und in Anspruch genommene Verpflichtungsermächtigungen. Jede Art der Vorbelastung darf in einem Betrag angegeben werden. Haftungsverhältnisse sind auch anzugeben, wenn ihnen gleichwertige Rückgriffsforderungen gegenüberstehen.

§ 43 Allgemeine Bewertungsgrundsätze

(1) Bei der Bewertung der Vermögensgegenstände und Schulden gilt Folgendes:

1. Die Wertansätze in der Vermögensrechnung des Haushaltsjahres (Eröffnungsbilanz) müssen mit denen der Vermögensrechnung des Vorjahres (Schlussbilanz) übereinstimmen.

2. Die Vermögensgegenstände, Rückstellungen und Schulden sind, soweit nichts anderes bestimmt ist, zum Abschlussstichtag einzeln zu bewerten.

3. Es ist wirklichkeitsgetreu zu bewerten. Vorhersehbare Risiken und Verluste, die bis zum Abschlussstichtag entstanden sind, sind zu berücksichtigen, selbst wenn diese erst zwischen dem Abschlussstichtag und dem Tag der Aufstellung des Jahresabschlusses bekannt geworden sind; Risiken und Verluste, für deren Verwirklichung im Hinblick auf die besonderen Verhältnisse der öffentlichen Haushaltswirtschaft nur eine geringe Wahrscheinlichkeit spricht, bleiben außer Betracht. Gewinne sind nur zu berücksichtigen, wenn sie am Abschlussstichtag realisiert sind.

4. Aufwendungen und Erträge des Haushaltsjahres sind unabhängig von den Zeitpunkten der entsprechenden Zahlungen im Jahresabschluss zu berücksichtigen.

5. Die auf den vorhergehenden Jahresabschluss angewandten Bewertungsmethoden sollen beibehalten werden.

(2) Von den Grundsätzen des Absatzes 1 darf nur in begründeten Ausnahmefällen abgewichen werden.

§ 44 Wertansätze der Vermögensgegenstände und Schulden

(1) Anschaffungskosten sind die Aufwendungen, die geleistet werden, um einen Vermögensgegenstand zu erwerben und ihn in einen betriebsbereiten Zustand zu versetzen, soweit sie dem Vermögensgegenstand einzeln zugeordnet werden können. Zu den Anschaffungskosten gehören auch die Nebenkosten sowie die nachträglichen Anschaffungskosten. Minderungen des Anschaffungspreises sind abzusetzen.

(2) Herstellungskosten sind die Aufwendungen, die durch den Verbrauch von Gütern und die Inanspruchnahme von Diensten für die Herstellung eines Vermögensgegenstands, seine Erweiterung oder für eine über seinen ursprünglichen Zustand hinausgehende wesentliche Verbesserung entstehen. Dazu gehören die Materialkosten, die Fertigungskosten und die Sonderkosten der Fertigung. Bei der Berechnung der Herstellungskosten dürfen auch die Verwaltungskosten einschließlich Gemeinkosten, angemessene Teile der notwendigen Materialgemeinkosten, der notwendigen Fertigungsgemeinkosten und des Wertverzehrs des Vermögens, soweit sie durch die Fertigung veranlasst sind, eingerechnet werden.

(3) Zinsen für Fremdkapital gehören nicht zu den Herstellungskosten. Zinsen für Fremdkapital, das zur Finanzierung der Herstellung eines Vermögensgegenstands verwendet wird, dürfen als Herstellungskosten angesetzt werden, soweit sie auf den Zeitraum der Herstellung entfallen.

(4) Schulden sind zu ihrem Rückzahlungsbetrag und Rückstellungen in Höhe des Betrags anzusetzen, der nach vernünftiger Beurteilung notwendig ist.

§ 45 Bewertungsvereinfachungsverfahren

(1) Soweit es den Grundsätzen ordnungsmäßiger Buchführung entspricht, kann für den Wertansatz gleichartiger Vermögensgegenstände des Vorratsvermögens unterstellt werden, dass die zuerst oder dass die zuletzt angeschafften oder hergestellten Vermögensgegenstände zuerst verbraucht oder veräußert worden sind.

(2) § 37 Abs. 2 und 3 ist auch auf den Jahresabschluss anwendbar.

§ 46 Abschreibungen

(1) Bei Vermögensgegenständen des immateriellen Vermögens und des Sachvermögens ohne Vorräte, deren Nutzung zeitlich begrenzt ist, sind die Anschaffungs- oder Herstellungskosten um planmäßige Abschreibungen zu vermindern. Die planmäßige Abschreibung erfolgt grundsätzlich in gleichen Jahresraten über die Dauer, in der der Vermögensgegenstand voraussichtlich genutzt werden kann (lineare Abschreibung). Ausnahmsweise ist eine Abschreibung mit fallenden Beträgen (degressive Abschreibung) oder nach Maßgabe der Leistungsabgabe (Leistungsabschreibung) zulässig, wenn dies dem Nutzungsverlauf wesentlich besser entspricht. Maßgeblich ist die betriebsgewöhnliche Nutzungsdauer, die auf der Grundlage von Erfahrungswerten und unter Berücksichtigung von Beschaffenheit und Nutzung des Vermögensgegenstands zu bestimmen ist.

(2) Für Vermögensgegenstände nach Absatz 1 ist im Jahr der Anschaffung oder Herstellung der für dieses Jahr anfallende Abschreibungsbetrag um jeweils ein Zwölftel für jeden vollen Monat zu vermindern, der dem Monat der Anschaffung oder Herstellung vorangeht. Anschaffungs- oder Herstellungskosten für bewegliche Vermögensgegenstände des Sachvermögens, die nach § 38 Abs. 4 nicht erfasst werden, sind im Jahr der Anschaffung als ordentlicher Aufwand auszuweisen.

(3) Ohne Rücksicht darauf, ob ihre Nutzung zeitlich begrenzt ist, sind bei Vermögensgegenständen im Falle einer voraussichtlich dauernden Wertminderung außerplanmäßige Abschreibungen vorzunehmen, um die Vermögensgegenstände mit dem niedrigeren Wert anzusetzen, der ihnen am Abschlussstichtag beizulegen ist. Stellt sich in einem späteren Jahr heraus, dass die Gründe für die Abschreibung nicht mehr bestehen, ist der Betrag dieser Abschreibung im Umfang der Werterhöhung unter Berücksichtigung der Abschreibungen, die inzwischen vorzunehmen gewesen wären, zuzuschreiben.

NEUNTER ABSCHNITT
Jahresabschluss

§ 47 Allgemeine Grundsätze für die Gliederung

(1) Die Form der Darstellung, insbesondere die Gliederung der aufeinanderfolgenden Ergebnisrechnungen, Vermögensrechnungen (Bilanzen) und Finanzrechnungen, ist beizubehalten, soweit nicht in Ausnahmefällen wegen besonderer Umstände Abweichungen erforderlich sind. Die Abweichungen sind im Anhang anzugeben und zu begründen.

(2) In der Ergebnisrechnung, der Vermögensrechnung und der Finanzrechnung ist zu jedem Posten der entsprechende Betrag des vorhergehenden Haushaltsjahres anzugeben. Sind die Beträge nicht vergleichbar, so ist dies im Anhang anzugeben und zu erläutern. Wird der Vorjahresbetrag angepasst, so ist auch dies im Anhang anzugeben und zu erläutern.

(3) Fällt ein Vermögensgegenstand oder eine Schuld unter mehrere Posten der Vermögensrechnung, so ist die Mitzugehörigkeit zu anderen Posten bei dem Posten, unter dem der Ausweis erfolgt ist, zu vermerken oder im Anhang anzugeben, wenn dies zur Aufstellung eines klaren und übersichtlichen Jahresabschlusses erforderlich ist.

(4) Eine weitere Untergliederung der Posten ist zulässig; dabei ist jedoch die vorgeschriebene Gliederung zu beachten. Neue Posten dürfen hinzugefügt werden, wenn ihr Inhalt nicht von einem vorgeschriebenen Posten gedeckt wird. Die Ergänzung ist im Anhang anzugeben und zu begründen.

(5) Ein Posten der Ergebnisrechnung, Vermögensrechnung oder Finanzrechnung, der keinen Betrag ausweist, braucht nicht aufgeführt zu werden, es sei denn, dass im vorhergehenden Rechnungsjahr unter diesem Posten ein Betrag ausgewiesen wurde.

§ 48 Rechnungsabgrenzungsposten

(1) Als Rechnungsabgrenzungsposten sind auf der Aktivseite vor dem Abschlussstichtag geleistete Ausgaben auszuweisen, soweit sie Aufwand für eine bestimmte Zeit nach diesem Tag darstellen. Ferner darf ausgewiesen werden die als Aufwand berücksichtigte Umsatzsteuer auf am Abschlussstichtag auszuweisende oder von den Vorräten offen abgesetzte Anzahlungen.

(2) Auf der Passivseite sind als Rechnungsabgrenzungsposten vor dem Abschlussstichtag erhaltene Einnahmen auszuweisen, soweit sie Ertrag für eine bestimmte Zeit nach diesem Tag darstellen.

(3) Ist der Rückzahlungsbetrag einer Schuld höher als der Auszahlungsbetrag, so darf der Unterschiedsbetrag auf der Aktivseite als Rechnungsabgrenzungsposten aufgenommen werden. Der Unterschiedsbetrag ist durch planmäßige jährliche Abschreibungen zu tilgen, die auf die gesamte Laufzeit der Schuld verteilt werden können.

§ 49 Ergebnisrechnung

(1) In der Ergebnisrechnung sind die Erträge und Aufwendungen gegenüberzustellen. § 2 Abs. 2 gilt entsprechend.

(2) Die Ergebnisrechnung ist in Staffelform mindestens in der Gliederung nach § 2 Abs. 1 Nr. 1 bis 25 aufzustellen.

(3) Zur Ermittlung des Jahresergebnisses der Ergebnisrechnung sind die Gesamterträge und Gesamtaufwendungen unter Berücksichtigung von Fehlbeträgen aus Vorjahren gegenüberzustellen. Im Jahresabschluss ist ein Überschuss beim ordentlichen Ergebnis der Rücklage aus Überschüssen des ordentlichen Ergebnisses, ein Überschuss beim Sonderergebnis der Rücklage aus Überschüssen des Sonderergebnisses zuzuführen. Für die Deckung von Fehlbeträgen beim ordentlichen Ergebnis und beim Sonderergebnis gilt § 25. Die Behandlung von Überschüssen und Fehlbeträgen ist entsprechend § 2 Abs. 1 Nr. 26 bis 33 darzustellen.

(4) Außerordentliche Erträge und Aufwendungen sind hinsichtlich ihres Betrags und ihrer Art im Anhang zu erläutern, soweit sie für die Beurteilung der Ertragslage nicht von untergeordneter Bedeutung sind.

§ 50   Finanzrechnung

In der Finanzrechnung sind die im Haushaltsjahr eingegangenen Einzahlungen und geleisteten Auszahlungen mindestens wie folgt auszuweisen:

Ein- und Auszahlungen aus laufender Verwaltungstätigkeit

1. Steuern und ähnliche Abgaben,
2. Zuweisungen und Zuwendungen und allgemeine Umlagen,
3. sonstige Transfereinzahlungen,
4. öffentlich-rechtliche Entgelte,
5. privatrechtliche Leistungsentgelte,
6. Kostenerstattungen und Kostenumlagen,
7. Zinsen und ähnliche Einzahlungen und
8. sonstige haushaltswirksame Einzahlungen;

9. die Summe der Einzahlungen aus laufender Verwaltungstätigkeit (Summe aus Nummern 1 bis 8 ohne außerordentliche zahlungswirksame Erträge aus Vermögensveräußerung);

10. Personalauszahlungen,

11. Versorgungsauszahlungen,

12. Auszahlungen für Sach- und Dienstleistungen,

13. Zinsen und ähnliche Auszahlungen,

14. Transferauszahlungen (ohne Investitionszuschüsse) und

15. sonstige haushaltswirksame Auszahlungen;

16. die Summe der Auszahlungen aus laufender Verwaltungstätigkeit (Summe aus Nummern 10 bis 15);

17. der Zahlungsmittelüberschuss oder Zahlungsmittelbedarf der Ergebnisrechnung (Saldo aus Nummern 9 und 16);

Ein- und Auszahlungen aus Investitionstätigkeit

18. Einzahlungen aus Investitionszuwendungen,

19. Einzahlungen aus Investitionsbeiträgen und ähnlichen Entgelten für Investitionstätigkeit,

20. Einzahlungen aus der Veräußerung von Sachvermögen,

21. Einzahlungen aus der Veräußerung von Finanzvermögen und

22. Einzahlungen für sonstige Investitionstätigkeit;

23. die Summe der Einzahlungen aus Investitionstätigkeit (Summe aus Nummern 18 bis 22);

24. Auszahlungen für den Erwerb von Grundstücken und Gebäuden,

25. Auszahlungen für Baumaßnahmen,

26. Auszahlungen für den Erwerb von beweglichem Sachvermögen,

27. Auszahlungen für den Erwerb von Finanzvermögen,

28. Auszahlungen für Investitionsförderungsmaßnahmen und

29. Auszahlungen für sonstige Investitionen;

30. die Summe der Auszahlungen aus Investitionstätigkeit (Summe aus Nummern 24 bis 29);

31. der Finanzierungsmittelüberschuss oder Finanzierungsmittelbedarf aus Investitionstätigkeit (Saldo aus Nummern 23 und 30);

32. der Finanzierungsmittelüberschuss oder Finanzierungsmittelbedarf (Summe aus Nummern 17 und 31);

Ein- und Auszahlungen aus Finanzierungstätigkeit

33. Einzahlungen aus der Aufnahme von Krediten und wirtschaftlich vergleichbaren Vorgängen für Investitionen,

34. Auszahlungen für die Tilgung von Krediten und wirtschaftlich vergleichbaren Vorgängen für Investitionen,

35. der Finanzierungsmittelüberschuss oder Finanzierungsmittelbedarf aus Finanzierungstätigkeit (Saldo aus Nummern 33 und 34);

36. die Änderung des Finanzierungsmittelbestands zum Ende des Haushaltsjahres (Summe aus Nummern 32 und 35);

haushaltsunwirksame Zahlungsvorgänge

37. haushaltsunwirksame Einzahlungen (unter anderem durchlaufende Finanzmittel, Rückzahlung von angelegten Kassenmitteln, Aufnahme von Kassenkrediten) und

38. haushaltsunwirksame Auszahlungen (unter anderem durchlaufende Finanzmittel, Anlegung von Kassenmitteln, Rückzahlung von Kassenkrediten);

39. der Überschuss oder Bedarf aus haushaltsunwirksamen Einzahlungen und Auszahlungen (Saldo aus Nummern 37 und 38);

Zahlungsmittelbestand

40. die Summe Anfangsbestand an Zahlungsmitteln und

41. die Veränderung des Bestands an Zahlungsmitteln (Summe aus Nummern 36 und 39);

42. der Endbestand an Zahlungsmitteln am Ende des Haushaltsjahres (Saldo aus den Summen Nummern 40 und 41).

Die in § 3 Nr. 23 vorgesehene nachrichtliche Angabe zur Finanzierung der Investitionen mit Eigenmitteln ist im Anhang zum Jahresabschluss darzustellen und zu erläutern (§ 53 Abs. 2 Nr. 5).

§ 51   Planvergleich

(1) In der Ergebnis- und Finanzrechnung des Gesamthaushalts und der Teilhaushalte sind die Erträge und Einzahlungen, die Aufwendungen und Auszahlungen nach Arten (§§ 2 und 3) gegliedert auszuweisen.

(2) Für den Gesamthaushalt und für jeden Teilhaushalt sind die Planansätze den Werten der Ergebnis- und Finanzrechnung gegenüberzustellen.

(3) Der Zahlungsmittelsaldo aus laufender Verwaltungstätigkeit nach § 50 Satz 1 Nr. 17 soll zusätzlich in der Form nach § 3 Nr. 1 bis 3 ermittelt werden.

§ 52   Vermögensrechnung (Bilanz)

(1) Die Vermögensrechnung (Bilanz) ist in Kontoform aufzustellen.

(2) In der Bilanz sind mindestens die in den Absätzen 3 und 4 bezeichneten Posten in der angegebenen Reihenfolge gesondert auszuweisen.

(3) Aktivseite:

1   Vermögen
1.1   Immaterielle Vermögensgegenstände;
1.2   Sachvermögen
1.2.1 Unbebaute Grundstücke und grundstücksgleiche Rechte,
1.2.2 Bebaute Grundstücke und grundstücksgleiche Rechte,

1.2.3 Infrastrukturvermögen,

1.2.4 Bauten auf fremden Grundstücken,

1.2.5 Kunstgegenstände, Kulturdenkmäler,

1.2.6 Maschinen und technische Anlagen, Fahrzeuge,

1.2.7 Betriebs- und Geschäftsausstattung,

1.2.8 Vorräte,

1.2.9 Geleistete Anzahlungen, Anlagen im Bau;

1.3 Finanzvermögen

1.3.1 Anteile an verbundenen Unternehmen,

1.3.2 Sonstige Beteiligungen und Kapitaleinlagen in Zweckverbänden, Stiftungen oder anderen kommunalen Zusammenschlüssen,

1.3.3 Sondervermögen,

1.3.4 Ausleihungen,

1.3.5 Wertpapiere,

1.3.6 Öffentlich-rechtliche Forderungen,

1.3.7 Forderungen aus Transferleistungen,

1.3.8 Privatrechtliche Forderungen,

1.3.9 Liquide Mittel;

2 Abgrenzungsposten

2.1 Aktive Rechnungsabgrenzungsposten,

2.2 Sonderposten für geleistete Investitionszuschüsse;

3 Nettoposition (nicht gedeckter Fehlbetrag).

(4) Passivseite:

1 Kapitalposition

1.1 Basiskapital;

1.2 Rücklagen

1.2.1 Rücklagen aus Überschüssen des ordentlichen Ergebnisses,

1.2.2 Rücklagen aus Überschüssen des Sonderergebnisses,

1.2.3 Zweckgebundene Rücklagen;

1.3 Fehlbeträge des ordentlichen Ergebnisses

1.3.1 Fehlbeträge aus Vorjahren,

1.3.2 Jahresfehlbetrag, soweit eine Deckung im Jahresabschluss durch Entnahme aus den Ergebnisrücklagen nicht möglich ist;

2 Sonderposten

2.1 für Investitionszuweisungen,

2.2 für Investitionsbeiträge,

2.3 für Sonstiges;

3 Rückstellungen

3.1 Lohn- und Gehaltsrückstellungen,

3.2 Unterhaltsvorschussrückstellungen,

3.3 Stilllegungs- und Nachsorgerückstellungen für Abfalldeponien,

3.4 Gebührenüberschussrückstellungen,

3.5 Altlastensanierungsrückstellungen,

3.6 Rückstellungen für drohende Verpflichtungen aus Bürgschaften, Gewährleistungen und anhängigen Gerichtsverfahren,

3.7 Sonstige Rückstellungen;

4 Verbindlichkeiten

4.1 Anleihen,

4.2 Verbindlichkeiten aus Kreditaufnahmen,

4.3 Verbindlichkeiten, die Kreditaufnahmen wirtschaftlich gleichkommen,

4.4 Verbindlichkeiten aus Lieferungen und Leistungen,

4.5 Verbindlichkeiten aus Transferleistungen,

4.6 Sonstige Verbindlichkeiten;

5 Passive Rechnungsabgrenzungsposten.

§ 53   Anhang

(1) In den Anhang sind diejenigen Angaben aufzunehmen, die zu den einzelnen Posten der Ergebnisrechnung, der Finanzrechnung und der Vermögensrechnung vorgeschrieben sind.

(2) Im Anhang sind ferner anzugeben

1. die auf die Posten der Ergebnisrechnung und der Vermögensrechnung angewandten Bilanzierungs- und Bewertungsmethoden,

2. Abweichungen von Bilanzierungs- und Bewertungsmethoden samt Begründung; deren Einfluss auf die Vermögens-, Finanz- und Ertragslage ist gesondert darzustellen,

3. Angaben über die Einbeziehung von Zinsen für Fremdkapital in die Herstellungskosten,

4. der auf die Gemeinde entfallende Anteil an den beim Kommunalen Versorgungsverband Baden-Württemberg auf Grund von § 27 Abs. 5 GKV gebildeten Pensionsrückstellungen,

5. die Verwendung liquider Mittel zur Finanzierung der Investitionen (§ 22 Abs. 2, § 50 Satz 2),

6. die in das folgende Haushaltsjahr übertragenen Ermächtigungen (Haushaltsübertragungen) sowie die nicht in Anspruch genommenen Kreditermächtigungen,

7. die unter der Vermögensrechnung aufzuführenden Vorbelastungen künftiger Haushaltsjahre (§ 42) und

8. der Bürgermeister, die Mitglieder des Gemeinderats und die Beigeordneten, auch wenn sie im Haushaltsjahr ausgeschieden sind, mit dem Familiennamen und mindestens einem ausgeschriebenen Vornamen.

§ 54   Rechenschaftsbericht

(1) Im Rechenschaftsbericht sind der Verlauf der Haushaltswirtschaft und die wirtschaftliche Lage der Gemeinde

unter dem Gesichtspunkt der Sicherung der stetigen Erfüllung der Aufgaben so darzustellen, dass ein den tatsächlichen Verhältnissen entsprechendes Bild vermittelt wird. Dabei sind die wichtigsten Ergebnisse des Jahresabschlusses und erhebliche Abweichungen der Jahresergebnisse von den Haushaltsansätzen zu erläutern und eine Bewertung der Abschlussrechnungen vorzunehmen.

(2) Der Rechenschaftsbericht soll auch darstellen

1. die Ziele und Strategien,

2. Angaben über den Stand der kommunalen Aufgabenerfüllung,

3. Vorgänge von besonderer Bedeutung, die nach dem Schluss des Haushaltsjahres eingetreten sind,

4. zu erwartende positive Entwicklungen und mögliche Risiken von besonderer Bedeutung und

5. die Entwicklung und Deckung der Fehlbeträge.

§ 55 Vermögensübersicht, Forderungsübersicht, Schuldenübersicht

(1) In der Vermögensübersicht und der Forderungsübersicht sind der Stand des Vermögens und der Forderungen zu Beginn und zum Ende des Haushaltsjahres, die Zu- und Abgänge sowie die Zuschreibungen und Abschreibungen darzustellen. Die Gliederung dieser Übersichten richtet sich nach dem Aktivposten 1 der Vermögensrechnung (§ 52 Abs. 3).

(2) In der Schuldenübersicht sind die Schulden der Gemeinde nachzuweisen. Anzugeben sind der Gesamtbetrag zu Beginn und Ende des Haushaltsjahres, die Restlaufzeit unterteilt in Laufzeiten bis zu einem Jahr, von einem bis fünf Jahren und von mehr als fünf Jahren. Die Schuldenübersicht ist wie der Passivposten 4 der Vermögensrechnung (§ 52 Abs. 4 Nr. 4.1 bis 4.3) zu gliedern.

ZEHNTER ABSCHNITT
Kommunaler Gesamtabschluss

§ 56 Gesamtabschluss

(1) Der Gesamtabschluss besteht aus der konsolidierten Ergebnisrechnung und der konsolidierten Vermögensrechnung; die Vorschriften über den Jahresabschluss der Gemeinde sind entsprechend anzuwenden.

(2) Eine untergeordnete Bedeutung für die Befreiung von der Pflicht zur Aufstellung eines Gesamtabschlusses nach § 95 a Abs. 2 GemO liegt in der Regel vor, wenn bis zum Ende des Haushaltsjahres und zum Ende des Vorjahres die zusammengefassten Bilanzsummen der nach § 95 a Abs. 1 GemO in den Gesamtabschluss einzubeziehenden Organisations- und Rechtseinheiten 35 Prozent der in der jeweiligen Vermögensrechnung (Bilanz) der Gemeinde ausgewiesenen Bilanzsumme nicht übersteigen.

§ 57 Kapitalflussrechnung

Auf die Kapitalflussrechnung findet der Deutsche Rechnungslegungsstandard Nr. 2 (DRS 2) zur Kapitalflussrechnung in der vom Bundesministerium der Justiz nach § 342 Abs. 2 des Handelsgesetzbuchs bekannt gemachten Form entsprechende Anwendung.

§ 58 Konsolidierungsbericht und Angaben zum nicht konsolidierten Beteiligungsbesitz

(1) Im Konsolidierungsbericht sind darzustellen

1. ein Gesamtüberblick, bestehend aus

   a) einer Darstellung der wirtschaftlichen und finanziellen Lage der Gemeinde, so dass ein den tatsächlichen Verhältnissen entsprechendes Gesamtbild unter dem

Gesichtspunkt der stetigen Erfüllung der Aufgaben vermittelt wird,

b) Angaben über den Stand der Erfüllung des öffentlichen Zwecks der konsolidierten Organisationseinheiten und Vermögensmassen,

c) einer Bewertung des Gesamtabschlusses unter dem Gesichtspunkt der dauernden Leistungsfähigkeit und

d) den in § 105 Abs. 2 Satz 2 Nr. 1 und 3 GemO für den Beteiligungsbericht beschriebenen Mindestangaben,

2. Erläuterungen des Gesamtabschlusses, bestehend aus

a) Informationen zur Abgrenzung des Konsolidierungskreises und zu den angewandten Konsolidierungsmethoden,

b) Erläuterungen zu den einzelnen Positionen des Gesamtabschlusses sowie den Nebenrechnungen und

c) Einzelangaben zur Zusammensetzung globaler Abschlusspositionen und

3. ein Ausblick auf die künftige Entwicklung, insbesondere bestehend aus

a) Angaben über Vorgänge von besonderer Bedeutung, die nach dem Schluss der Konsolidierungsperiode eingetreten sind,

b) Angaben über die erwartete Entwicklung wesentlicher Rahmenbedingungen, insbesondere über die finanziellen und wirtschaftlichen Perspektiven und Risiken, und

c) Angaben über die wesentlichen Ziele und Strategien.

(2) Für die Angaben zum nicht konsolidierten Beteiligungsbesitz gilt § 105 GemO entsprechend.

ELFTER ABSCHNITT
Übergangs- und Schlussvorschriften

§ 59 Übergangsbestimmung für Sanierungs-, Entwicklungs- und Umlegungsmaßnahmen

Sanierungs- und Entwicklungsmaßnahmen nach dem Baugesetzbuch sowie freiwillige Umlegungen zur Erschließung oder Neugestaltung bestimmter Gebiete im Geltungsbereich eines Bebauungsplans, für die vor der Umstellung der Haushaltswirtschaft nach § 64 Abs. 2 und 3 Sonderrechnungen nach § 50 der Gemeindehaushaltsverordnung vom 7. Februar 1973 (GBl. S. 33) in der zuletzt geltenden Fassung geführt werden, können in der bisherigen Form noch abgewickelt werden.

§ 60 Sondervermögen, Treuhandvermögen

(1) Für Sondervermögen und Treuhandvermögen, auf die die Vorschriften über die Wirtschaftsführung und das Rechnungswesen des Eigenbetriebs angewendet werden, gelten die §§ 11, 12, 14, 27 und 31 bis 33 entsprechend. Für die anderen Sondervermögen und Treuhandvermögen gilt diese Verordnung entsprechend, soweit nicht durch Gesetz oder auf Grund eines Gesetzes etwas anderes bestimmt ist.

(2) Sondervermögen und Treuhandvermögen werden von der Pflicht zur Finanzplanung (§ 85 GemO) freigestellt. Die Vorschriften über die Wirtschaftsführung und das Rechnungswesen des Eigenbetriebs bleiben unberührt.

§ 61 Begriffsbestimmungen

Bei der Anwendung dieser Verordnung sind die nachfolgenden Begriffe zu Grunde zu legen:

1. Abschreibungen:
   Betrag, der bei abnutzbaren Vermögensgegenständen die eingetretenen Wertminderungen erfasst und als Aufwand angesetzt wird;

2. Aufwendungen:
   zahlungs- und nichtzahlungswirksamer Verbrauch von Gütern und Dienstleistungen (Ressourcenverbrauch) eines Haushaltsjahres;

3. Auszahlungen:
   Barzahlungen und bargeldlose Zahlungen, die die liquiden Mittel vermindern;

4. außerordentliche Erträge und Aufwendungen:
   außerhalb der gewöhnlichen Verwaltungstätigkeit anfallende Erträge und Aufwendungen, insbesondere Gewinne und Verluste aus Vermögensveräußerung, soweit sie nicht von untergeordneter Bedeutung sind, zum Beispiel ungewöhnlich hohe Spenden, Schenkungen, Erträge und Aufwendungen im Zusammenhang mit Naturkatastrophen oder außergewöhnlichen Schadensereignissen;

5. außerplanmäßige Aufwendungen oder Auszahlungen:
   Aufwendungen oder Auszahlungen, für die im Haushaltsplan keine Ermächtigungen veranschlagt und keine aus den Vorjahren übertragenen Ermächtigungen (Haushaltsübertragungen) verfügbar sind;

6. Basiskapital:
   die sich in der Vermögensrechnung (Bilanz) ergebende Differenz zwischen Vermögen und Abgrenzungsposten der Aktivseite sowie Rücklagen, Sonderposten, Rückstellungen, Verbindlichkeiten und Rechnungsabgrenzungsposten der Passivseite der Bilanz;

7. Baumaßnahmen:
   Neu-, Erweiterungs- und Umbauten sowie die Instandsetzung von Bauten, soweit sie nicht der Unterhaltung baulicher Anlagen dient;

8. Buchführung:
   lückenlose, betragsmäßige Aufzeichnung der Geschäfts-
   vorfälle;

9. Budget:
   im Haushaltsplan für einen abgegrenzten Aufgaben-
   bereich veranschlagte Personal- und Sachmittel (Ermächtigungen) und Haushaltsübertragungen, die dem
   zuständigen Verantwortungsbereich zur Bewirtschaftung im Rahmen vorgegebener Leistungsziele zugewie-
   sen sind;

10. durchlaufende Finanzmittel:
    Zahlungen, die für einen Dritten lediglich eingenommen
    und ausgegeben werden (§ 15 Abs. 2);

11. Einzahlungen:
    Barzahlungen und bargeldlose Zahlungen, die die liqui-
    den Mittel erhöhen;

12. Erlass:
    Verzicht auf einen Anspruch;

13. Erträge:
    zahlungs- und nichtzahlungswirksamer Wertzuwachs
    (Ressourcenaufkommen) eines Haushaltsjahres;

14. Fehlbetrag:
    Unterschiedsbetrag, um den die ordentlichen und außer-
    ordentlichen Aufwendungen im Ergebnishaushalt oder
    im Jahresabschluss der Ergebnisrechnung höher sind als
    die ordentlichen und außerordentlichen Erträge;

15. Finanzierungsreserven:
    liquide Mittel, die im Haushaltsjahr für Investitionen als
    Finanzierungsmittel verfügbar sind;

16. fremde Finanzmittel:
    die in § 15 genannten Beträge;

17. Hauptbuch:
    Darstellung der Buchungen des externen Rechnungs-
    wesens nach sachlichen Ordnungskriterien innerhalb
    eines Haushaltsjahres;

18. Haushaltsübertragungen:
    Ansätze für Aufwendungen und Auszahlungen, die in das folgende Jahr übertragen werden;

19. Haushaltsvermerke:
    einschränkende oder erweiternde Bestimmungen zu Ansätzen des Haushaltsplans (zum Beispiel Vermerke über Deckungsfähigkeit, Übertragbarkeit, Zweckbindung, Sperrvermerke);

20. innere Darlehen:
    vorübergehende Inanspruchnahme von liquiden Mitteln aus

    a) zweckgebundenen Rücklagen,

    b) langfristigen Rückstellungen und

    c) Sondervermögen ohne Sonderrechnung

    als Finanzierungsmittel für Investitionen;

21. Investitionen:
    Auszahlungen für die Veränderung des Vermögens (immaterielles Vermögen, Sachvermögen einschließlich aktivierter Eigenleistungen, ohne geringwertige bewegliche Vermögensgegenstände nach § 38 Abs. 4 und Finanzvermögen ohne Anlagen von Kassenmitteln), das der langfristigen Aufgabenerfüllung dient;

22. Investitionsförderungsmaßnahmen:
    Zuweisungen, Zuschüsse, Darlehen und Ausleihungen für Investitionen Dritter und für Investitionen der Sondervermögen mit Sonderrechnung;

23. Journal:
    Darstellung der Buchungen des externen Rechnungswesens in zeitlicher Reihenfolge innerhalb eines Haushaltsjahres;

24. Kassenkredite:
    kurzfristige Kredite zur Überbrückung des verzögerten oder späteren Eingangs von Deckungsmitteln, soweit keine anderen liquiden Mittel eingesetzt werden können;

25. Konsolidierung:
    Zusammenfassung der Jahresabschlüsse der Gemeinde und der in § 95 a GemO genannten Aufgabenträger zu einem Gesamtabschluss;

26. Kontenplan:
    die auf der Grundlage des Kontenrahmens aufgestellte örtliche Gliederung der Buchungskonten (§ 35 Abs. 4 Satz 3);

27. Kontenrahmen:
    die für die sachliche Gliederung der Buchungen im Hauptbuch (§ 36) empfohlene oder vorgegebene (§ 145 Satz 1 Nr. 5 GemO) Mindestgliederung der Buchungskonten;

28. Kredite:
    die unter der Verpflichtung zur Rückzahlung von Dritten oder von Sondervermögen mit Sonderrechnung aufgenommenen Finanzierungsmittel mit Ausnahme der Kassenkredite;

29. Leistung:
    bewertbares Arbeitsergebnis einer Verwaltungseinheit, das zur Aufgabenerfüllung im Haushaltsjahr erzeugt wird;

30. Leistungsziele:
    angestrebter Stand an Leistungen am Ende eines bestimmten Zeitraums, der durch quantitative und qualitative Größen beschrieben wird;

31. Niederschlagung:
    die befristete oder unbefristete Zurückstellung der Weiterverfolgung eines fälligen Anspruchs der Gemeinde ohne Verzicht auf den Anspruch selbst;

32. ordentliche Erträge und Aufwendungen:
    Erträge und Aufwendungen, die innerhalb der gewöhnlichen Verwaltungstätigkeit anfallen, soweit sie nicht den außerordentlichen Erträgen und Aufwendungen zuzuordnen sind;

33. Produkt:
    Leistung oder Gruppe von Leistungen, die für Stellen
    außerhalb einer Verwaltungseinheit erbracht werden;

34. Produktgruppe:
    Zusammenfassung von inhaltlich zusammengehörenden
    Produkten innerhalb der Produkthierarchie;

35. Produktbereich:
    Zusammenfassung von inhaltlich zusammengehörenden
    Produktgruppen innerhalb der Produkthierarchie;

36. Rechnungsabgrenzungsposten:
    Bilanzpositionen, die der zeitlichen Rechnungsabgren-
    zung dienen:

    a) Ausgaben vor dem Abschlussstichtag sind auf der
       Aktivseite auszuweisen, soweit sie Aufwand für eine
       bestimmte Zeit nach diesem Tag darstellen (aktiver
       Rechnungsabgrenzungsposten),

    b) Einnahmen vor dem Abschlussstichtag sind auf der
       Passivseite auszuweisen, wenn sie Ertrag für eine
       bestimmte Zeit nach diesem Tag darstellen (passiver
       Rechnungsabgrenzungsposten);

37. Schulden:
    Rückzahlungsverpflichtungen (Verbindlichkeiten) aus
    Anleihen, Kreditaufnahmen und ihnen wirtschaftlich
    gleichkommenden Vorgängen sowie aus der Aufnahme
    von Kassenkrediten (§ 52 Abs. 4 Nr. 4.1 bis 4.3);

38. Tilgung von Krediten:

    a) ordentliche Tilgung:
       die Leistung des im Haushaltsjahr zurückzuzahlen-
       den Betrags bis zu der in den Rückzahlungsbedingun-
       gen festgelegten Mindesthöhe,

    b) außerordentliche Tilgung:
       die über die ordentliche Tilgung hinausgehende
       Rückzahlung einschließlich Umschuldung;

39. Transfererträge und -aufwendungen:
    Erträge und Aufwendungen ohne unmittelbar damit zusammenhängende Gegenleistung;

40. überplanmäßige Aufwendungen oder Auszahlungen:
    Aufwendungen oder Auszahlungen, die die im Haushaltsplan veranschlagten Beträge und die aus den Vorjahren übertragenen Ermächtigungen (Haushaltsübertragungen) übersteigen;

41. Überschuss:
    Unterschiedsbetrag, um den die ordentlichen und außerordentlichen Erträge im Ergebnishaushalt oder im Jahresabschluss der Ergebnisrechnung die ordentlichen und außerordentlichen Aufwendungen übersteigen;

42. Umschuldung:
    die Ablösung von Krediten durch andere Kredite;

43. Verfügungsmittel:
    Beträge, die dem Bürgermeister für dienstliche Zwecke, für die keine Aufwendungen veranschlagt sind, zur Verfügung stehen;

44. Vermögensrechnung (Bilanz):
    Abschluss des Rechnungswesens für ein Haushaltsjahr in Form einer Gegenüberstellung von Vermögen (Aktiva) und Kapital (Passiva) zu einem bestimmten Stichtag;

45. Vorjahr:
    das dem Haushaltsjahr vorangehende Jahr;

46. Vorläufige Rechnungsvorgänge:
    die in § 30 genannten Beträge und andere Einzahlungen und Auszahlungen, die sich nicht auf den Haushalt der Gemeinde auswirken, wie durchlaufende Finanzmittel nach § 15 Abs. 2 sowie Vorschüsse und Verwahrgelder.

§ 62 Erstmalige Bewertung, Eröffnungsbilanz

(1) In der Eröffnungsbilanz nach Artikel 13 Abs. 5 des Gesetzes zur Reform des Gemeindehaushaltsrechts vom 4. Mai 2009 sind die zum Stichtag der Aufstellung vorhan-

denen Vermögensgegenstände mit den Anschaffungs- oder Herstellungskosten, vermindert um Abschreibungen nach § 46, anzusetzen. Die Vermögensgegenstände dürfen auch mit Werten angesetzt werden, die vor dem Stichtag für die Aufstellung der Eröffnungsbilanz in Anlagenachweisen nach § 38 der Gemeindehaushaltsverordnung vom 7. Februar 1973 (GBl. S. 33) in der zuletzt geltenden Fassung oder in einer Vermögensrechnung nach der Verwaltungsvorschrift des Innenministeriums zur Vermögensrechnung nach § 43 GemHVO vom 31. Oktober 2001 (GABl. S. 1108) nachgewiesen sind. Bei beweglichen und immateriellen Vermögensgegenständen, deren Anschaffung oder Herstellung länger als sechs Jahre vor dem Stichtag für die Eröffnungsbilanz zurückliegt, kann von einer Inventarisierung und Aufnahme in die Vermögensrechnung abgesehen werden.

(2) Wenn die tatsächlichen Anschaffungs- oder Herstellungskosten nicht oder nicht ohne unverhältnismäßigen Aufwand ermittelt werden können, sind abweichend von Absatz 1 den Preisverhältnissen zum Anschaffungs- oder Herstellungszeitpunkt entsprechende Erfahrungswerte anzusetzen, vermindert um Abschreibungen nach § 46. Für den vor dem Stichtag der Aufstellung der Eröffnungsbilanz liegenden Zeitraum von sechs Jahren wird vermutet, dass die tatsächlichen Anschaffungs- oder Herstellungskosten ermittelt werden können.

(3) Für Vermögensgegenstände, die vor dem 31. Dezember 1974 angeschafft oder hergestellt worden sind, können abweichend von Absatz 1 und 2 den Preisverhältnissen zum 1. Januar 1974 entsprechende Erfahrungswerte angesetzt werden, vermindert um Abschreibungen nach § 46.

(4) Bei Grundstücken, insbesondere bei landwirtschaftlich genutzten Grundstücken, Grünflächen und Straßengrundstücken sind die Absätze 1 bis 3 mit der Maßgabe anzuwenden, dass örtliche Durchschnittswerte angesetzt werden können; bei der Bewertung von Straßen können die Erfahrungswerte für die einzelnen Straßenarten auf der

Grundlage örtlicher Durchschnittswerte ermittelt werden. Bei Waldflächen können

1. für den Aufwuchs zwischen 7 200 und 8 200 Euro je Hektar und

2. für die Grundstücksfläche 2 600 Euro je Hektar

angesetzt werden.

(5) Als Wert von Beteiligungen und Sondervermögen ist, wenn die Ermittlung der tatsächlichen Anschaffungskosten einen unverhältnismäßigen Aufwand verursachen würde, das anteilige Eigenkapital anzusetzen.

(6) Für Sonderposten für erhaltene Investitionszuweisungen und -beiträge nach § 52 Abs. 4 Nr. 2 gelten die Absätze 1 bis 3 entsprechend. Auf den Ansatz geleisteter Investitionszuschüsse nach § 52 Abs. 3 Nr. 2.2 in der Eröffnungsbilanz kann verzichtet werden; soweit ein Ansatz erfolgt, gelten die Absätze 1 bis 3 entsprechend.

(7) Die in der Eröffnungsbilanz nach den Absätzen 2 bis 6 angesetzten Werte für die Vermögensgegenstände gelten für die künftigen Haushaltsjahre als Anschaffungs- oder Herstellungskosten.

§ 63   Berichtigung der erstmaligen Erfassung und Bewertung

(1) Soweit bei der erstmaligen Erfassung und Bewertung in der Eröffnungsbilanz

1. Vermögensgegenstände oder Sonderposten nicht oder mit einem zu niedrigen Wert oder Sonderposten oder Schulden zu Unrecht oder mit einem zu hohen Wert angesetzt worden sind oder

2. Vermögensgegenstände oder Sonderposten zu Unrecht oder mit einem zu hohen Wert oder Sonderposten oder Schulden nicht oder mit einem zu geringen Wert angesetzt worden sind,

so ist in der späteren Bilanz der unterlassene Ansatz nach-
zuholen oder der Wertansatz zu berichtigen (Berichtigungen), wenn es sich um einen wesentlichen Betrag handelt;
dies gilt auch, wenn die Vermögensgegenstände oder Schulden am Bilanzstichtag nicht mehr vorhanden sind, jedoch
nur für den auf die Vermögensänderung folgenden Jahresabschluss.

(2) Der Gewinn und Verlust aus Berichtigungen ist mit
dem Basiskapital zu verrechnen. Die Berichtigungen sind
im Anhang der betroffenen Bilanz zu erläutern. Auf Grund
einer nachträglichen Ausübung von Wahlrechten oder Er-
messensspielräumen sind Berichtigungen nicht zulässig.

(3) Berichtigungen können letztmals im vierten der Eröffnungsbilanz folgenden Jahresabschluss vorgenommen werden. Vorherige Jahresabschlüsse sind nicht zu berichtigen.

§ 64   Inkrafttreten, Übergangszeit

(1) Diese Verordnung tritt am 1. Januar 2010 in Kraft.
Gleichzeitig tritt die Gemeindehaushaltsverordnung vom
7. Februar 1973 (GBl. S. 33), zuletzt geändert durch Verordnung vom 10. Juli 2001 (GBl. S. 466), außer Kraft.

(2) Diese Verordnung ist spätestens für die Haushaltswirtschaft ab dem Haushaltsjahr 2016 anzuwenden. Bis dahin
gilt die Gemeindehaushaltsverordnung vom 7. Februar 1973
(GBl. S. 33), zuletzt geändert durch Verordnung vom 10. Juli
2001 (GBl. S. 466), weiter. Die Bestimmungen des Ab-
schnitts 10 über den Kommunalen Gesamtabschluss (§§ 56
bis 58) sind spätestens ab dem Haushaltsjahr 2018 anzuwenden. Für die befristete Weitergeltung von Ausnahmegeneh-
migungen nach dem bisherigen § 49 GemHVO und ihre Ver-
längerung gilt Artikel 13 Abs. 3 des Gesetzes zur Reform des
Gemeindehaushaltsrechts vom 4. Mai 2009 entsprechend.

(3) Die Gemeinde kann nach Artikel 13 Abs. 4 des Gesetzes zur Reform des Gemeindehaushaltsrechts vom 4. Mai

2009 beschließen, ihr Haushalts- und Rechnungswesen bereits vor dem Haushaltsjahr 2016 auf die Kommunale Doppik umzustellen. In diesem Fall ist diese Verordnung ab dem von der Gemeinde bestimmten Haushaltsjahr anzuwenden.

Sachregister

Sachregister